学佛就是学做人

释果坚　编著

国际文化出版公司
·北京·

图书在版编目（CIP）数据

学佛就是学做人 / 释果坚编著. —北京：国际文化
出版公司，2014.3
ISBN 978-7-5125-0668-8

Ⅰ.①学… Ⅱ.①释… Ⅲ.①佛教—人生哲学—通俗
读物 Ⅳ.①B948—49

中国版本图书馆CIP数据核字（2014）第049165号

学佛就是学做人

作　　者	释果坚
责任编辑	赵　辉
策划编辑	姚青锋
封面设计	易海军
出版发行	国际文化出版公司
经　　销	新华书店
印　　刷	北京睿和名扬印刷有限公司
开　　本	880毫米×1230毫米　32开
	7印张　　　　　　112千字
版　　次	2014年3月第1版
	2014年3月第1次印刷
书　　号	ISBN 978-7-5125-0668-8
定　　价	32.00元

国际文化出版公司
北京朝阳区东土城路乙9号　邮编：100013
总编室：（010）64271551　传真：（010）64271578
销售热线：（010）64271187
传真：（010）64271187—800
E-mail: icpc@95777.sina.net
http://www.sinoread.com

序　一

　　有在家人问我，人生苦短，世事无常，你们出家人每天念经，吃斋，学佛，究竟都学些什么呢？我告诉他，不是学佛，是学做人而已。世间的富贵荣华都是虚幻不实的，人生的吉凶祸福更是变化无常的。那么，怎样生活才是最真实、最有价值和意义的呢？以佛法的观点来看，只有按照佛法的道理去生活，才是最有价值和意义的。

　　佛是梵文的音译，意译是"觉悟的人"，并不是神，也不是天生的。我们众生是"没有觉悟的佛"，两者在本性上没有区别，迷就是凡夫，觉就是佛。我们虽然是迷着的，但我们的本性没有迷。佛教希望众生都成佛，"是心是佛"。否则，只是盲目地生活，那同禽兽又有什么区别呢？

　　太虚大师有一首非常著名的偈子，是关于成佛与做人的关系："仰止为佛陀，完成在人格，人成即佛成，是名真现实。"佛陀代表着我们人生的最高境界，成佛是我们追求的终极目标。但成佛并没有离开做人，人格彻底完善之后，修行也就成就了。

　　可能有人又会问，我们为什么要学佛？佛法是适应救度一切人的智慧与慈悲之法。是指导我们怎样做人，怎样待人接物，怎样处理遇到的事情。我们学佛的过程，就是一个由迷到觉的过程。我们学佛就是向佛学习，学习佛的思维，佛的智慧，做个善良人，做个聪明人。

有个故事说，一位老婆婆有两个儿子，她的大儿子是卖雨伞的，小儿子是卖鞋的。这位老婆婆为此整天愁眉苦脸。后来有位法师问她："老妈妈，什么事使你整天这么愁眉苦脸？"老婆婆说："我的问题很严重，根本没有办法解决，跟你说了也白搭。"

法师就劝慰老婆婆，让她说说看。老婆婆在法师的耐心劝说下，终于道出了苦衷："我的大儿子是卖雨伞的，如果总是晴天，雨伞就卖不出去；我的小儿子是卖鞋的，如果总是下雨，就没有人出来买鞋子。为了这个，我既怕下雨，又怕晴天，你说我苦恼不苦恼？"

法师说："其实很简单，你应该这样想：下雨的时候，你要为大儿子高兴，因为有很多人来买他的雨伞。晴天的时候，你要为小儿子高兴，因为大家可以出来买他的鞋子。"听法师这样一讲，老婆婆一下子豁然开悟。从此，无论是晴天还是下雨，都是乐滋滋的。

同样是面对一件不太好的事情，有智慧的人却可以把它转化为好事，让它成为一种对人有益的经验。智慧短缺的人却会因此起烦恼，由一个很小的烦恼引生出许多更大的烦恼。佛经上讲："佛说种种法，为治种种心。"我们学佛，就是学佛的思想，佛的方法来待人处事，沐浴佛化，用佛陀的法水，来洗涂我们内心的垢秽；用佛的智慧去观照，观照我们的事业，观照我们的家庭，观照我们的人际关系。

那么，我们怎样才能把人做好呢？佛教提出了两条，叫"诸恶莫作，众善奉行"。《维摩诘经》云："欲净其土，先净其心；随其心净，则佛土净。"三宝弟子若能真诚地照着去做，不起贪、嗔、痴欲诸想，不著色、声、香、味、触、法，心里自自然然就清净了，心净众生净，心净国土净。若精诚以进，专持一门，数月之下，必有感应。

古人云："人能弘道，非道弘人。"果坚法师是北京云居寺的监院，也是一位年轻、精进的僧人，但法无高下，在教化人心和佛学研究方面，果坚法师一直孜孜不倦，多年来也获深厚造诣，堪作学佛人的楷模。果坚法师的这本《学佛就是学做人》，不仅是广大读者获取有益资粮的一本好书，也是我们学习佛法的一个很好的接引。

我想，不管是出家人、还是在家人，若能将本书的精华——将禅的智慧运用到生活中去，那么必将能够获得极大的益处。阿弥陀佛！

惠庆

2014年1月15日，于九华山

序 二

在朋友处听闻果坚法师的第三本书稿《学佛就是学做人》即将印刷发行，作为朋友，我感到由衷的欣慰和钦佩。果坚法师是云居寺的监院，他信仰纯正，造诣深厚，多年来一直以超人的胆识和无畏精神，致力于佛学的研究和传播。师父的书稿，我有缘先睹为快，沾霖法喜，实为幸事。

因为工作关系，我与果坚师父及其他出家师父接触的比较多，因而经常会有朋友问我，现在很多人都在学佛，那么他们都学些什么呢？果坚师父的这本《学佛就是学做人》，恰给出了我们最好的答案。其实，不管出家还是在家，我们学佛，都是在学做人而已。

佛是过来人，人是未来佛。也就是说佛是已经彻底觉悟的人。人呢，就是尚未觉悟的本来佛。我们学佛就是要去妄，归本，就是要学做人。举个通俗的例子，佛法好比茫茫人海中的慈航，它教我们认识生死究竟是怎么一回事，为我们指示人生的真谛，使我们获得内心的满足与安乐，把我们从烦恼的此岸，运载到安乐的彼岸。

从前，印度的憍萨罗国有一国王——波斯匿王。有一天，波斯匿王外出巡游，在路上遇见一个头发胡须都苍白的老人，国王十分好奇，便问他："老公公，你高寿几何啊？"

老人不假思索地回答道："四岁。"

波斯匿王大吃一惊，他简直不相信自己的耳朵，于是再伸出自己的右手，竖起四只手指向老人问道："你才四岁！？"

老人点点头，很肯定地证实道："不错，我今年的确才四岁。"

老人知道国王心中的疑惑，便向他解释说："以前我不懂佛法，活了几十年，思想、行为都被内心的烦恼控制着，做了很多自己以为对而实际是不对的事；四年前有个机会，我无意中听到了佛法，才真正认识了人生，随后就皈依了佛教，依着佛法去生活，去净化人生，最近这四年来，才算是真正的做人，所以我今年才四岁。"

国王听了老人这番话，非常感动，点头称赞说，"老公公你说得对，一个人要能够学习佛法，照着佛法去做人，才算是真正的做人。"

我们生活在一个纷扰的世界里，很多人浑浑噩噩地生活一辈子，为名累，为利累，却不知道人类的需要，除了物质食粮以外，更需要精神食粮。而在许多精神食粮之中，佛法乃是最好的精神食粮。佛法对人生有着巨大的指导意义，学佛除了可以认识人生、净化人生和庄严人生以外，还可以把我们缺陷的人生，改造为美满的人生；把迷梦的人生，演变为觉悟的人生，把被生死缠绕的人生，进化为解脱自在的人生。

我想，果坚师父印发这本《学佛就是学做人》的目的和价值也就在于，通过学佛，通过学习佛的智慧和思维，给我们提供正确的人生观念，培养我们健康的心态，不断完善和提升我们的生命素质，让我们慈悲待人，智慧做事，做一个幸福，快乐的人。

　　倘若我们能够领会到果坚师父的这份用心，并依照奉行，认真做人，便是莫大的功德。弘法布道，勇猛精进，预祝果坚法师的这本《学佛就是学做人》，圆满印发。

　　阿弥陀佛！

王德君

2014年1月15日，于北京云居寺

目 录

第一章

【活在当下】

只有按生活本来面貌去生活，我们才能成为真正完善的人。活在当下，是全身心地投入人生的最佳生活方式，是一种最真实的人生态度。好的人生，是一个过程，而不是一个状态；它是一个方向，而不是终点。

淡欲粗茶素味甘，红尘深处炼心丹。无形妙谛常参悟，两袖清风即是禅。

一日不做，一日不食

百丈怀海禅师是福建人，他是马祖席下最著名的入室弟子，后住江西百丈山，世称为百丈禅师。当年百丈禅师的名望很高，四方禅僧，纷至沓来，席下人才济济，如沩山、希运等后来都成为了一代宗师。

百丈禅师提倡农禅生活，自食其力，主张佛教不依靠外力，自己耕作，自己生活。他对禅宗的一个巨大贡献，就是订立了著名的禅门清规——《百丈清规》，大力提倡"农禅"生活。

许多佛教徒认为他这样做是犯了"戒"律，但百丈禅师不为所动，仍然以身作则，亲自带领徒弟们下地劳动，并且发誓说要"一日不作，一日不食"。

但是岁月不饶人，转眼老禅师到了两鬓苍苍、颤颤巍巍的风烛残年。虽然体力不支，但他仍然不听众人的苦苦劝告，坚持亲自下田劳动。

有一个僧人灵机一动，想出了一个"好"办法。他趁老禅师入睡的时候，把老人下地劳动的工具偷走藏了起来，心想这下我们师父就不用再下田了。

老禅师醒来后发现工具不见了，又看到徒弟们面有喜色，就知道是他们捣的鬼。老禅师也晓得徒弟们是为了他好，但自己订立的规矩和坚守的信条怎么能就此打破呢？

老禅师说："我没有什么德行，怎么敢让别人来养着我呢？"于是，便以绝食抗议徒弟们的关心，"我既然发誓一日不作，一日不食，就该终生遵守。现在我没工具下地干活，违背了誓言，就只好用绝食来谢罪啦。"

徒弟们一看师父要来真格的啦，慌得不得了，赶紧偷偷把工具又放了回去。

据说百丈怀海禅师在九十四岁时，还与弟子们一起劳动。也许正是老禅师的知行合一，身体力行，"一日不作，一日不食"的老规矩才能一代代传了下来，直至今日。

一日不做，一日不食，展示了禅师的独立进取精神，人只有通过自力更生，才能确立自己，发展自己，充实自己，完善自己。一个"不做"的人，他的生命已经停止了有意义的创造，他的生活也随之而停滞不前，他的人生价值和意义，也必然无法在创造中体现。

　　一日不做一日不食，百丈禅师以这一理念、精神昭告天下，尤其是佛门的弟子，应该要勤劳、精进，慎勿放逸、贪求安乐。我们每一个学佛的人，是不是也能学习禅师的精神，生存于世，贡献于世，立志于世，不枉费一时，不糟蹋任何一个因缘，珍惜当下，完完全全、认认真真地活着呢？

要学会珍惜我们的一切

有一次，钦山和尚与雪峰禅师一起前往江西洞山，半路上，他们停下来歇息的时候，雪峰禅师脱下鞋，突然发现鞋底又磨破了两处衬底，不觉惋惜地说："您挺着点，咱们还要走三个月才能到江西洞山呐！"

钦山和尚见雪峰禅师对着一个鞋子自言自语，忍不住笑了，说道："对一双鞋子也这样礼拜，真是有佛心啊！"

雪峰禅师说道："懂得珍惜的人，才能领悟生命的奥秘！"正说着，钦山和尚突然叫喊起来："看！河里漂下来一片菜叶！河流上游肯定有人家，我们到那里去度人吧？"

雪峰禅师说："这么好的菜叶居然丢掉，实在是太可惜了，这样不知道珍惜的人太不值得我们去度了，还是到别的地方去吧！"

然后伸手把菜叶捞了起来，两个人正要起身离去的时候，

黑白纵横通极玄，枰中日月一禅天。
东西南北风过也，吾自悠然地上仙。

突然看见一个人顺着河水飞跑下来，大声地喊道："喂！喂！和尚，你们有没有看见一片菜叶从上游漂下来？那是我刚才洗菜时不小心被水冲走的，要是找不回来就太可惜了，多好的一片菜叶呀！"

雪峰禅师把菜叶从兜里拿出来，那个人高兴得笑了："好哇！终于找回来了！"

不知道珍惜生活中的一点一滴，怎么能够认清生命的本来面目呢？二人互相望了一眼，不约而同地向上游走去。

懂得珍惜，就有佛心。人们常常会为失去的机会或成就而嗟叹，却往往忘记了为现在所拥有的感恩，不明白发生就是一种恩典。当一个人懂得珍惜的时候，才能领悟生命的奥秘，懂得珍惜才能真正拥有我们想要的，懂得珍惜就已经拥有了真正美好的东西。

佛陀告诉我们，唯有懂得珍惜，才会真正拥有。在这个世界上，什么是最重要的呢？它既不是你失去的，也不是你没有得到的，而是我们正在拥有的。

活在当下

《五灯会元》记载，大珠慧海禅师求法至马祖道一禅师处，听其"我这里一物也无，求什么佛法？自家宝藏不顾，抛家散走作么"之语，当下歇去驰求之心，认取本具佛性。此后随侍马祖十六年，见地日益透彻，被马祖禅师赞叹为："越州有大珠，圆明光透，自在无遮障。"从此"大珠"之名不胫而走，弘法因缘日盛。

慧海禅师直说见地，经常开示学僧："我不会禅，并无一法可示于人。不劳久立，且自歇去！"而禅门中著名的话头"饥来吃饭，困来眠"，即出于慧海。

有一位学僧问："和尚修道，还用功吗？"

大珠慧海回答："用功。"

问："如何用功？"

答："饥来吃饭，困来即眠。"

五月西湖凉似秋，新荷吐蕊暗香浮。明年花落人何在，把酒问花花点头。

问："所有人都是这样，他们跟你的用功一样吗？"

答："不一样，他们吃饭时不肯吃饭，百种须索；睡时不肯睡，千般计较，所以不一样。"

所谓"饥来吃饭困来眠"，最怕的就是"吃饭时千般思索，睡觉时万般思量"，言下之意，便是活在当下。百丈怀海说：一日不作一日不食。大珠慧海说：饥来吃饭困来即眠。这些既合禅意又合生活。不然怎么说众生皆佛呢？

有人把禅搞得很是玄妙，其实禅的本质便是回归本源。无论吃饭睡觉，乃至日常生活中种种行为，皆为修行，只是方式不同而已。把日常的行走坐卧、吃饭穿衣睡觉作为修行的道场，将佛法的真实意义与各自切身的生活紧密结合起来，都可以成就功德，都是随缘度化。

但大部分人常常是饥来吃不下，困来眠不了，急火攻心，辗转反复，此时一定伴着内心的阵阵隐痛。究其原因：对境起妄心、对缘生攀心，如何处治？放下便是。唐代诗人李翱诗云："证得身形是鹤形，千株松下两函经。我来问道无余话，云在青天水在瓶！"

珍惜今天

　　一个青年去寻访住在深山里的智者，想向他请教一些人生问题。

　　"大师，您认为人的一生中最重要的是哪一天？是出生那天？还是死亡那天？是事业有成那一天？还是儿孙满堂那一天？"青年问。

　　"生命中最重要的是今天。"智者不假思索地答道。

　　"为什么？"青年甚为好奇，"今天发生了什么惊天动地的大事吗？"

　　"今天什么事也没有发生。"

　　"那今天重要是不是因为我的来访？"

　　"即使今天没有任何来访者，今天仍然很重要，因为今天是我们拥有的唯一财富。不论多么平常、多么暗淡，它都在我们手里，由我们支配；昨天不论多么值得回忆和怀念，它都像沉船一

春有百花秋有月，夏有凉风冬有雪。若无闲事挂心头，便是人间好时节。

样沉入海底了；明天不论多么辉煌，它都还没有到来。"

青年还想问，智者收住了话头说："在谈论今天的重要性时，我们已经浪费了我们的'今天'，我们拥有的'今天'已经减少了许多。"

青年若有所思地点点头，然后下山去了。

人生是时间的积累，人的生命只有一次，荒废今天的时光，就等同于缩短了一天生命。每天都抱着只争朝夕的精神，生命才会流光溢彩。

珍惜今天最重要，今天都是我们唯一的资本与机会。因为，昨天已成为过去，明天还没有来到，别让昨天的遗憾在今天延续，昨天是一张已经废弃的支票，明天也是一张期票，还不能确定能否兑现；而今天它才是唯一可用的现金。

现在我们最应该做的就是：忘记昨天，忘记明天，牢牢地把握住今天。

没有时间老

　　唐朝的佛光禅师门下有个叫大智的弟子，外出参学二十年后又回到了大师身边。

　　大智在法堂里向佛光禅师讲述在外参学的种种见闻，佛光禅师总以慰勉的笑容倾听着，后来大智问道："师傅，这二十年来，您老还好？"

　　佛光禅师道："很好！很好！诵经、说法、开示，忙得很，很快乐呀！"

　　大智关心地说："师傅，你年纪大了，应该多一些时间休息。"

　　夜深了，佛光禅师对大智说："你回房休息吧，有话我们以后慢慢谈。"

　　第二天一大早，大智就被一阵木鱼声敲醒了。大智走出禅房，发现木鱼声正是从佛光禅师的禅房里传出来的。原来，师傅

世事纷纷如闪电，轮回滚滚似云飞。今日不知明日事，哪有工夫论是非。

还是和以前一样，每天晚睡早起，忙个不停。白天佛光禅师总不厌其烦地对一批批来礼佛的信众开示，讲说佛法，晚上一回到禅堂不是记录一天的禅悟心得，就是为第二天的信徒准备课程，师傅每天似乎总有忙不完的事。

好不容易看到佛光禅师刚与信徒谈话告一段落，大智便抢着问佛光禅师道："师傅，分别这二十年来，您每天的生活仍然这么忙着，怎么都不觉得您老了呢？"

佛光禅师笑了起来："你看我这么忙，我没有时间老呀！"

"没有时间老"，这句话后来一直在大智的耳边响着。

佛光禅师每天不断地重复着自己的事情，不以为苦，反而为乐。如此充实快乐的生活，他怎么会有时间老呢？"没有时间老"，便是心中没有老的观念，人生在世，不过短短几十载春秋，只要我们生活充实了，工作快乐了，哪里还有时间想到"老"这样的事呢？

《论语·述而》里面记载，孔子当年带领弟子周游列国到了楚国的叶城，叶公对孔子的为人不了解，就向子路打听，子路一时不知道怎么回答好。事后孔子知道了，就对子路说：你怎么不这样告诉他呢，"其为人也，发愤忘食，乐以忘忧，不知老之将至。"

　　有一则三个砌墙工的故事。有人看到三个工人在砌墙，便问其中的一个工人："你在做什么？"这个工人没好气地说："没看见吗？我在砌墙！"于是他转身问第二个人："你在做什么呢？"第二个人说："我在建一幢漂亮的大楼！"这个人又问第三个人，第三人嘴里哼着小调，欢快地说："我在建一座美丽的城市。"

　　好好活着，做我们该做的事情，专心投入其中，你会发现生活无处不充满了乐趣。工作的时候，你敲出的那些文字和符号，就像一个个小人在屏幕上快乐地舞蹈；下班回到家，侍弄侍弄花草，没过几天你会发现，即便最普通的花草，也会开出美丽的花朵。只要我们真诚地投入，用心，用爱，在快乐中工作，在快乐中生活，你便会活得幸福、快乐、年轻、蓬勃。这便是活着的最高境界，也是人生的大智慧。

明天的落叶

有个小和尚，每天早上负责清扫寺庙院子里的落叶。

清晨起床扫落叶实在是一件苦差事，尤其在秋冬之际，每一次起风时，树叶总随风飞舞落下。

每天早上都需要花费许多时间才能清扫完树叶，这让小和尚头痛不已。他一直想要找个好办法让自己轻松些。

后来有个和尚跟他说："你在明天打扫之前先用力摇树，把落叶统统摇下来，后天就可以不用扫落叶了。"

小和尚觉得这是个好办法，于是隔天他起了个大早，使劲地猛摇树干，这样他就可以把今天和明天的落叶一次扫干净了。一整天小和尚都非常开心。

第二天，小和尚到院子一看，他不禁傻眼了，院子里如往日一样是落叶满地。

老和尚走了过来，对小和尚说："傻孩子，无论你今天怎么

方春不觉来朱夏，秋色蝉鸣翠影斜。夜来风急柴扉破，满地霜铺落叶花。

用力，明天的落叶还是会飘下来。"

　　小和尚终于明白了，世上有很多事是无法提前的，唯有认真地活在当下，才是最真实的人生态度。

　　现实生活中，我们无论做什么事情，都不能急于求成。做好今天该做的事，就是对明天最好的回报。明天的树叶，不可能今天落下来，只有认真做好今天该做的事情，才能迎来美好的明天。

雕刻师遇女鬼

很久以前，在一个偏远山区的小村落里，住着一位小有名气的雕刻师。因为这个师傅的雕刻技艺超群，所以附近一村庄新落成的寺庙，便邀请他去雕刻一尊"菩萨像"。

这中间有一个问题。雕刻师若要想到达那个村庄，则必须越过一个山头与森林；偏偏这座山经常"闹鬼"，此前，已经发生过好几起赶路人，因夜间穿越而被女鬼杀死的恐怖事件。

因此，大家都力劝雕刻师傅，等隔日天亮时再启程，免得遇到不测。

不过，雕刻师生怕太晚动身，会误了和别人约定的时辰，他在心里想，那不过是人们以讹传讹，哪里有什么鬼怪，即便真的有鬼，也不见得鬼就会伤人。自己没做亏心事，身正不怕影子斜，没什么好担心的。

于是，雕刻师收拾好行装，便只身赴约。他走啊走，天色逐

底事分明在已弓，不须向外问穷通。

但能角处回光照，莫被尘劳困主公。

渐暗了下来，月亮、星星也都出来了，这时，雕刻师突然隐隐约约发现，前面的不远处竟然有一女子，她侧坐在小路旁，草鞋也磨破了，一副十分疲倦、狼狈的样子。

雕刻师于是走上前去探询，姑娘，天黑路滑，是否需要帮忙？

那女子向雕刻师作了万福，告知原委。她也是要翻越山头到邻村去探望亲戚，路上不小心跌倒，摔坏了脚丫。雕刻师便自告奋勇地背她一程。

在皎洁的月光中，雕刻师背着女子，走得汗流浃背。中途，他们停下来休息，女子问雕刻师："大家都说这段山路经常闹鬼，难道你就不怕传说中的女鬼吗？为什么不自己快点赶路，还要为了我而耽搁你的时辰？"

"我是想早点赶路呀！"雕刻师回答道，"可是如果我把你一个人留在这里，万一你碰到危险怎么办？我背你走，虽然累些，但至少两人有个照应、可以互相帮忙啊！"

在明亮的月色中，雕刻师看到身旁有块大木头，就拿出随身携带的凿刀工具，看着这女子，一斧一刀地雕刻出"一尊人像"来。

"师傅啊，你在雕什么啊？"那女子好奇地问道。

"我在雕刻菩萨的像啊！"雕刻师心情愉悦地说，"我觉得你的容貌很慈祥，很像菩萨，所以就按照你的容貌来雕刻一尊菩萨了！"

坐在一旁的女子听到这话，哭得泪如雨下，因为她就是传说中的那个"恐怖女鬼"。可是，这个"恐怖女鬼"万万也没想到，竟会有人说她"容貌很慈祥，很像菩萨"，刹那间，那女子突然化为一道光芒，便消失在茫茫山谷之中。

第二天，雕刻师到达邻村后，大家都很惊讶他竟能在半夜中，活着越过山头来。

莫说世人无情，只要我们肯"打开心窗、接纳别人"，以一颗宽厚仁慈的心去对待别人，就连女鬼也会为之动容。要知道，人是没有绝对的好坏之分，每个人都有自己光艳的一面，也有自己阴暗的一面。即便是恶贯满盈的人，也有着为善的一面。

然而，在这纷乱喧嚣的尘世中，我们往往戴着"自我防卫"的心理面具去待人处事，于是，人与人之间，开始互相猜疑，互相不信任，大家处处设防，步步小心谨慎，生怕被坑、被骗，以至人与人之间关系越来越冷漠，越来越疏远。倘若我们也能够如雕刻师一样，以菩萨心肠来看待周遭的人与事，那我们也将会生活的更轻松，更自在。

愚人的智慧

从前，有个头脑简单、爱生气发怒的愚人，他经常看到别人议论就疑神疑鬼。由于他的脑瓜子不太灵光，所以一直过着穷酸的日子。

有一次，天下大雨，他家的围墙被雨水冲垮了。那人修墙的时候，居然从墙壁底下挖出一坛金子来，这个愚人因此一夜暴富。可是他依然很笨，他也知道自己的缺点，可就是改不了，于是就向一位智者诉苦，智者告诉他说："你现在不是有钱了吗，别人有智慧，你为什么不用你的钱去买别人的智慧呢？"

那人觉得智者的话很有道理，于是就到城里拜见一个僧人，他向僧人问道："你能把你的智慧卖给我吗？"僧人答道："我的智慧很贵，一句话一千两银子。"

那个愚人说："只要能买到智慧，多少钱我都愿意出！"

于是僧人便对他说："遇到困难的时候，不要急着去处理，

自乐平生道，烟萝石洞间，
野情多放旷，常伴白云闲。

你要向前走三步，然后再向后退三步，进进退退，往返三次，你就能得到智慧了。"

"智慧就是这么简单吗？"那人听了半信半疑，生怕僧人骗他的钱。僧人从他的眼中看出他的心思，于是便对他说："你先回去吧，如果觉得我的智慧不值这些钱，那你就不要来了，如果觉得值，就回来给我送钱来！"

那人一路上回味着僧人教给他的智慧，"向前三步，后退三步，进进退退，往返三次"，等他到家的时候，天已经黑了。

隔着窗户，那人发现自己的老婆居然和另外一个人睡在他的炕上，顿时怒从心起。他急急忙忙跑到厨房去，拿起一把菜刀就冲进屋子。突然他想到白天买来的智慧，于是就依照僧人的教导，前进三步，后退三步，进进退退，正走着呢，那个和他老婆睡在一起的人一下子惊醒过来，吃惊地问道："儿啊，你在干什么呢？深更半夜的，怎么举着把菜刀啊？"

那人听出是自己母亲的声音，心里暗暗发惊："若不是白天我买来的智慧，今天就错杀母亲了！"

第二天一大早，那人就匆匆起床，给僧人送银子去了。

佛家讲，怒火烧了功德林。意思就是，如果一个人经常发怒，就会烧掉自己积累的功德。因此，智者告诉我们：别在喜悦时许下承诺，别在忧伤时做出回答，别在愤怒时做下决定。三思而后行，才是睿智的举动。生活当中，小怒从一数到十，大怒从百数到千，就不会做出错误的行动。

虎溪闲月引相过，带雪松枝挂薜萝。
无限青山行欲尽，白云深处老僧多。

贫女供灯

去寺庙游玩的时候，我们经常看到佛前供着很多的灯盏，特别是遇上莲花灯会这样吉祥的日子，几千盏明灯依次排开，宛若星辰，熠熠生辉。

在佛教中，灯代表着光明和智慧，以灯供佛，隐含着以灯破暗、象征以智能除惑的深义。新《华严经》第七十八说："善男子！譬如一灯，入于暗室；百千年暗，悉能破尽。菩萨摩诃萨菩提心灯，亦复如是；入于众生心室，百千万亿不可说劫，诸烦恼业，种种暗障，悉能除尽。"

其实，燃灯供佛的背后，是一则"贫女供灯"因善心而得善报的公案。这则公案讲述的是，佛在舍卫国祇树给孤独园时，有一个贫穷而孤独的女人名叫难陀，以乞讨为生。

难陀经常看到国王、臣民不论大小都在供养佛和僧众，心想："因我前世罪业深重，今生才这样贫贱，虽然遇到了福田，却没有资财可供养。"想到这些，难陀不觉悲上心头，自责悔恨，感伤不已。难陀希望能得到少许的钱物供养佛，以结善缘。结果她乞讨了一整天，只得到了一个钱。她就拿着钱到灯油店，想用它买点油。

店主问她："拿一个钱买油，只能买到一点点，你作什么用呢？"难陀把心中的想法告诉了店主。店主心生怜悯，给了她双倍的灯油，这些灯油足够点一盏灯。

难陀非常高兴，来到精舍，将灯供养给世尊。她把灯放在佛前的众灯之中，并发愿："我今生贫穷，除了这盏小油灯，再也没有什么可供养佛的。但我希望以此供养的功德，将来能够得到智慧之灯，灭除众生的无明黑暗，引导他们觉悟光明。"

一夜过去了，其他的灯都熄灭了，只有难陀所供养的灯还在燃烧。第二天，正是目犍连尊者值日，他看天色已经拂晓，便来到殿中收拾灯盏。当他看到难陀供养的那盏灯仍在明亮地燃烧着，而且灯油和灯芯都没有丝毫的减损，跟新点燃的一样，心想："白天点灯没什么用，不如先把灯熄灭，到晚上再点。"目犍连就举手向灯扇去，可灯依旧燃烧着，好像毫无影响一样。目犍连又用衣袖去扇，灯还是明亮如故。这时，佛陀看到目犍连的举动，便对他说道："这盏油灯不是你能够熄灭的了的，就算你用四大海的水来灌注或是强风狂吹，也无法熄灭它，为什么呢？因为这是发大菩提心之人所布施的。"

佛陀说完此话，正好难陀再次来礼拜佛陀，佛陀便对她说："你将于来世二阿僧祇劫，得以成佛，佛号为灯光。"

贫女难陀发善心、行善事，终于得到善的丰厚回报。正应了佛教讲的"种如是因，得如是果"。其实，不管佛界，还是俗世，助人行善，都是在为我们自己积累福祉。

千尺丝纶直下垂，一波才动万波随。夜静水寒鱼不食，满船空载月明归。

禅师补针

有一个禅师去云游，他走了很久的路，感到又冷又饿。当他路过一家人的房子时，忽然闻到里面飘来阵阵香气。

于是，禅师就走进去说："我能把破了的针鼻补起来，只是我现在饿得没有一点力气。你们只要给我一些吃的，我就能把你们家破了的针补起来。"

那家人听了，互相看了看，没有一个人相信禅师说的话，就说："我们今天倒要看看你是不是有这样的本事！"

他们一家人忙忙碌碌，做了一桌子好菜。禅师早就饥肠辘辘了，毫不客气地饱餐了一顿。吃饱喝足以后就一本正经地说："好了，现在我有力气了，你们快把缺了那边针鼻子拿来，我要动手补了。"

那家人你看我，我看你，没有想到禅师说出这样的话，愣在那里不知道如何是好，说道："谁家的针破了，还能找到针鼻子？你这不是在作弄人吗？"

禅师说道："我的确会补针，并不是作弄你们！没有针鼻子，让我怎么补呢？如果你们找不出针鼻子，那我也没有办法，你们就看不到我补针的技术了！"

生活中，我们往往懂得如何去安慰人，却不懂得怎样来安慰自己。我们懂得别人的缺点让他们去理解，而不懂得自己的缺点要自己去弥补这样简单的道理。

第二章

【淡看名利】

闲名终究是虚的，生不带来，死不带去。很多人可能终生劳碌，却不见得有什么成就，劳苦倦极却不知究竟为的是什么。当身体不可逆转地衰老，我们的灵魂却被束缚其中。唯有放下一切名利的束缚，我们才能活得自在和快乐。

松下无人一局残，空山松子落棋盘。神仙更有神仙著，千古输赢下不完。

不带闲名去

洞山禅师感到自己即将离开人世了。这个消息传出去以后，人们从四面八方赶来，连朝廷也派人急忙赶来。

洞山禅师走了出来，脸上洋溢着净莲般的微笑。他看着满院的僧众，大声说："我在世间沾了一点闲名，如今驱壳即将散坏，闲名也该去除。你们之中有谁能够替我除去闲名？"

殿前一片寂静，没有人知道该怎么办，院子里只有沉静。

突然，一个前几日才上山的小和尚走到禅师面前，恭敬地顶礼之后，高声说道："请问和尚法号是什么？"

话刚一出口，所有的人都投来埋怨的目光。有的人低声斥责小沙弥目无尊长，对禅师不敬，有的人埋怨小沙弥无知，院子里闹哄哄的。

洞山禅师听了小和尚的问话，大声笑着说："好啊！现在我没有闲名了，还是小和尚聪明！"于是坐下来闭目合十，就此离去。

　　小和尚眼中的泪水再也忍不住，止不住流了下来。他看着师父的身体，庆幸在师父圆寂之前，自己还能替师父除去闲名。

　　过了一会儿，小和尚立刻被周围的人围了起来，他们责问道："真是岂有此理！连洞山禅师的法号都不知道，你到这里来干什么？"

　　小和尚看着周围的人，无可奈何地说："他是我的师父，他的法号我岂能不知？"

　　"那你为什么要那样问呢？"

　　小和尚答道："我那样做就是为了除去师父的闲名！"

　　闲名终究是虚的，生不带来，死不带去。很多人可能终生劳碌，却不见得有什么成就，劳苦倦极却不知究竟为的是什么。当身体不可逆转地衰老，我们的灵魂却被束缚其中。唯有放下一切名利的束缚，我们才能活得自在和快乐。

色即是空，空即是色

《心经》云："色不异空，空不异色；色即是空，空即是色。受想行识，亦复如是。"其中的色，是指人们的色身即空性如来藏。色与空讲的是色身与空性如来藏的关系。一切万法都是虚妄的、不真实的。

有一次，洞山禅师问云居禅师："你爱色吗？"

云居禅师正在用竹笤筛豌豆，听了洞山这样问，吓了一跳，笤里的豆子也洒了出来，滚到洞山的脚下。洞山笑着弯下腰，把豌豆一粒一粒地捡了起来。

云居禅师耳边依然回想着洞山禅师刚才说的话，他不知道该怎么回答，这个问题实在是没有办法回答。

"色"包含的范围太大了！女色、颜色、脸色……你穿衣服挑颜色吗？你吃佳肴美酒看重菜色、酒色吗？你选宅第房舍注意墙色吗？你会按照别人的脸色行事吗？你贪恋黄金白银的财利

举头天外看无云，谁似人间吾辈人。荆棘丛中行放脚，月明帘下暗藏身。

吗？你恋慕妖媚艳丽的女色吗？

云居禅师放下竹笋，心中还在翻腾。他想了很久才回答道："不爱！"

洞山一直在旁边看着云居受惊、闪躲、逃避，他惋惜地说："你回答这个问题之前想好了吗？等你真正面对考验的时候，是否能够从容面对呢？"

云居大声说道："当然能！"

然后他向洞山禅师脸上看去，希望得到他的回答，可是洞山只是笑，没有任何回答。

云居禅师感到很奇怪，反问道："那我问你一个问题行吗？"

洞山说："你问吧！"

云居问："你爱女色吗？当你面对诱惑的时候，你能从容应对吗？"

洞山哈哈大笑地说："我早就想到你要这样问了！我看她们只不过是美丽的外表掩饰下的臭皮囊而已。你问我爱不爱，爱与不爱又有什么关系呢？只要心中有自己坚定的想法就行了，何必要在乎别人怎么想！"

色即是空，空即是色。世间万物都是虚无的，一切形形色色的东西都是过眼云烟。一个人只要做到眼中有色，心中无色，才能坦然面对世间的各种诱惑。

善与恶

南山和尚有两名弟子。有一天，大徒弟外出化缘，得来一担仙桃，他挑着桃子美滋滋地往回赶。路过小李庄时，突然内急，他把桃子放在树下，便找地方方便去了。

待他再回来的时候，一大群人正围在树下吃桃子，大弟子大喊："那是我的桃子，不许吃。"听到喊声，人们"哄"的一声散了。

回到寺里，大徒弟便向师父抱怨："小李庄的人太可恶了，居然偷吃我的桃子。"南山和尚慈祥地笑道："不怪他们，愿佛祖保佑他们平安。"

几天之后，二徒弟下山化缘，不小心把腿摔伤了，正巧倒在了小李庄的村口。村民发现了，便将他抬回家中，并请来村里最好的大夫给他治疗。伤好后，二徒弟回到寺里，把经过也告诉了师父。

白纸无端黑笔书，分明一句却模糊。清灯夜雨湘江上，添得平沙落雁图。

师父笑了笑，问大徒弟："你还觉得小李庄的人可恶吗？"

大徒弟挠头说："上次是挺可恶的，这次怎么友善了呢？"

师父说："大善大恶的人，毕竟是少数。大多数人，都和这小李庄的村民一样，是些普通人。"

俗话说，小善、小恶是人的本性。有机会行善他便行善，有契机行恶，他便行恶。所以说，小恶要原谅，小善要引导。

邪永远胜不了正

有个刺客受人十两银子之托，前去刺杀六祖慧能禅师。可是慧能禅师早就预见到这个人要来了，于是便在桌子上放了十两银子，然后盘腿静坐在蒲团上，等待那个刺客。

慧能说道："该来了吧？因果，毕竟谁也躲不掉。"

慧能禅师的话刚一说完，窗外便飞过一道黑影，那个刺客已闪到了禅师面前，明亮的刀放在了禅师的脖子上。

慧能禅师丝毫没有畏惧，反而把脖子向前一伸，说道："桌上有纹银十两，请动手吧！"

刺客听了慧能禅师的话，突然一怔，但他还是挥刀在慧能脖子上连砍三下，可是都像砍在石头上一样，与刀锋接触的地方居然还冒出火花来。刺客被眼前的景象吓得瘫坐在地下，刀也扔在了地上。

慧能大师合掌，不紧不慢地说："正剑不行邪，邪剑不胜正，因果昭彰，分毫不误。银子你拿去，我的命还不能给你！"

刺客伏倒在禅师的脚下悔过，恳求六祖度他出家，以度自己的罪过。六祖摆摆手："你快走吧！不然弟子们知道了，必定不能轻饶于你！你我另有因缘，以后你改头换面再来，我自会收留你。快走！"

后来，那个刺客果然剃发出了家，他千山万水走了很多的路来拜见六祖。六祖哈哈大笑说："我就知道无论怎么样你都会来的，我已经等你很长时间了！"

刺客羞愧地说："我因为心生惭愧，没有面目来见禅师，实在惭愧得很！"

六祖点点头说："修行可以减轻你的罪过，因果昭彰，慎勿放逸。"

若言琴上有琴声，放在匣中何不鸣。若言声在指头上，何不于君指上听。

香樟和牛樟

日照禅师喜好周游名山大川，酷爱花草树木，所住的山间道场边种有许多奇花异树。

一天，日照禅师正坐在一块大石头上休息，身边的两个侍者却为了一棵大树起了争执。

甲侍者说："这叫香樟，长了快三十年了。"

乙侍者说："不对，这棵树叫牛樟，顶多只有三十年。"

甲侍者又说；"这个味道，必定是香樟树。"

乙侍者则说："牛樟也有香味啊！"

就这样，两个侍者你一言我一句，互不相让，争得面红耳赤。

就在两侍者争论不下之时，日照禅师恰好走了过来，甲侍者调过头来，询问："老师，这棵树是您种的，您说，这棵树是香樟吧！"

日照禅师说："我耳朵聋了，听不到你讲话。"

乙侍者也问："我们山上有许多牛樟，不都是您种的吗？"

日照禅师答："我眼睛瞎了，等看得到的时候再告诉你吧！"

侍者觉得自讨没趣，不解一向耳聪目明的老师，怎么会忽然说他耳聋眼瞎了呢？

就在两侍者面面相觑之时，日照禅师又喃喃地说了一句："一切随它去吧！"

两名侍者为了树的名称纷争不已，到最后还要请老师来判决。本来，香樟也好，牛樟也好，树都有个名字，但是一计较、一争执，这棵本来很平静的树就不免暗暗叫苦——为了它，世间有了纠纷。

世间之物，各有各的世界，本没有纷争，纷争都是来源于人们的内心世界。由于人的固执、相争，世界才不能得以安宁。放平心态，让一切顺其自然。

石头的错

　　寺院里的一个小和尚经常被师兄欺负，在一次争执后，他被师父赶出了寺院。小和尚无法理解为什么自己总被师兄欺负，更无法理解师父对师兄的偏袒。离开寺院后，他万念俱灰，什么事也不想做，就这样过了整整一年。

　　一天，小和尚在河边遇到一位老禅师，便上前问道："你坐在这里干什么呢？"

　　老者说："我没办法趟过这条河。"

　　小和尚说："这条河看起来并不深，应该很容易过去吧！"

　　老者说："河虽然不深，但是水里的石头做错事情了。"

　　小和尚不解地问："石头也会做事？它们做错了什么事情？"

　　老者说："石头上长满青苔，我一踩上去就会滑倒，所以我过不了河！它们不应该长出那么多青苔！"

　　小和尚走到水边一看，石头上果然布满了青苔，走在上面确

实很困难。他转头一看，身旁有许多枯草，便对老者说："老人家不必责怪石头，你看旁边有许多水草，只要把那些水草捆在脚上，你就可以轻松地踩着石头过河了。"

老者闻言大悦，连忙与小和尚一起拔了许多枯草捆在脚板上。在小和尚的搀扶下，轻松过了河。

老者轻叹了一口气说："你来之前，我已经在这里坐了三个时辰。我一直怨恨那些石头做错了事，让我过不了河，看来我这种只是责怪石头，自己却不想办法过河的做法，本身就是一种错误啊！"

小和尚听了老者的话，茅塞顿开。他打开了自己的心结，知道不应该用别人的错误来惩罚自己，他勤奋地练武修学，几十年后，终于学有所成。

打破心灵的牢笼

　　克契禅僧跟随佛光禅师参学，每日埋头于佛法妙理之间，孜孜不倦，一眨眼就过了十多个春秋。有一天，佛光禅师又一次见到克契禅僧研读经书，便问道："克契啊，时间过的可真快，你来到这里跟我学禅，应该有十二个秋冬了吧，怎么从来没有看到你向我问道呢？"

　　克契禅僧回答说："师父你每天那么忙，弟子我实在不敢打扰啊。"

　　时光如梭，一眨眼又过了三年。有一天佛光禅师在路上又遇到克契禅僧，再次问道："克契啊，你参禅修道这么多年，遇到什么疑难和困惑了吗？怎么还没见到你来问过我呢？"

　　克契禅僧回答说："师父你很忙，弟子我不敢随便和您讲话！"

　　春去秋来，又是一年。有一天，克契禅僧从佛光禅师禅房外

禅客无心忆薜萝，良然行径向山多。知君欲问人间事，始与浮云共一过。

面经过，禅师再对克契禅僧道："克契啊，你过来，今天有空，请你到我的禅室里来，我们谈谈禅道。"

克契赶快合掌作礼说："师父你很忙啊，我怎敢随便浪费您老的宝贵时间呢？"

佛光禅师当下大声喝道："忙！忙！为谁在忙呢？我也可以为你忙呀！"克契当下顿悟。

禅讲究现身说法，活学活用，当吃饭时候就吃饭，当喝茶时候就喝茶，当睡觉时候就睡觉。无须故作玄虚，也不画地自限，自我束缚。佛光禅师的一句"我也可以为你忙呀"，打入克契的心中，使克契打破画地自限的束缚，得到顿悟。

生活中也是这样，当我们需要别人帮助的时候，不需要遮遮掩掩，生怕麻烦了人家。有困难，有疑问了，当时便主动提出来，既解决了自己的困惑，也节省了别人的时间。假若都跟克契一样，一直不能够直面问道，那我们什么时候才能够得到真理呢？

愚蠢的人，总是给自己找无数的借口，不管什么事情，他们都能找来一个看似合理的理由。却不知，所有的不可能，其实都不过是他们自己给自己设置的"囚笼"。

　　还有这样一个故事，讲的是一个禅师在云游途中看见一个渔夫正将鱼一条条地往上拉，那渔夫总是将大鱼放回去，只留下小鱼。禅师好奇地上前问那个渔夫为什么只留下小鱼，放回大鱼。渔夫回答说："老天，我真不愿这么做，但我实在别无选择，因为我只有一个这么小的锅子啊。"

　　故事里的渔夫，实在可笑。可是现实中的我们呢，会不会也和渔夫一样，因为锅太小，就不能，或者不敢去捕捞大的鱼呢？我们常常听到某某人在讲，我学历太低了，这件事情我做不了；这个事情太困难了，我年纪这么小，怎么能承担等等。学历低、经验少，或者年纪小往往成为某些人拈轻怕重和推卸责任的借口。

　　小锅为什么就不能炖大鱼呢？我们为什么就不可以成功呢？很多时候，不是我们面临的困难有多大，而是我们自己给自己设下了障碍，套上了"囚笼"。青蛙坐在井中，只能看到巴掌大的一块天；渔夫只盯着自己的那口锅，只能捕捞很小的鱼儿；我们只看着眼前的自己，画地自限，却忽视了无限的潜能，而对自己缺乏了必要的信心。其实，我们每个人都可以很成功，只要我们敢想敢为，任何人都将是奇迹的创造者。

年老心闲无外事，麻衣草履亦容身。相逢尽道休官好，林下何曾见一人。

蜜蜂投窗

《指月录》里记载，唐朝的神赞禅师早年在福州大中寺剃度出家，参学在百丈禅师门下，得遇殊缘，明心见性。但自己的恩师百丈禅师却尚未开悟，为报答师恩，多年以后，神赞禅师重返大中寺，侍奉师父。

师父问他："你出去参学这么多年，得到什么东西了吗？"

神赞禅师说："我什么也没有得到。"师父不解，神赞只好一边做事去了。

有一天，师父在洗澡，神赞禅师就过去给他擦背。神赞一边擦拭，一边拍着恩师的背说："好一座佛殿，但佛不是圣啊。"百丈师父回头看了他一眼，说："佛虽然不是圣，但还是能放光的呀。"

又有一天，师父在窗下专心致志地研读经书，一只小蜜蜂想要飞出窗外，却一直不断地撞在窗纸上，反反复复，怎么也飞不出去。神赞禅师看着疲惫不堪的蜜蜂说："世界如此广阔而不自知，房门大开却要来钻窗纸，什么时候才能出得去呀！"当下作了一首偈子：

空门不肯出，投窗也太痴。

百年钻故纸，何日出头时？

师父听了神赞的偈子，一下子得悟了。他放下经书问神赞："你出去参学，遇到了什么人了？我发现你回来以后，说话跟以前大不一样。"

神赞禅师说："我蒙百丈和尚的指点，领悟禅法的门径，现今欲报恩师的慈德。"于是师父就宣布徒弟们准备斋席，请神赞禅师上堂说法。神赞便把百丈大师的心法，传递给同门师徒：灵光独耀，迥脱根尘。

体露真常，不拘文字。

心性无染，本自圆成。

但离妄缘，即如如佛。

神赞禅师以蜜蜂投窗一事，讽喻百丈禅师穷经求悟，无异于蜜蜂钻窗求出。

禅宗主张自力成佛，道由心悟，因而不重法，认为无一法

与人，故不重经论律。轻忽了真实佛法应该是要在生活当中加以体现，百丈禅师执迷于文字，如此穷年累月地钻经求卷，食古不化，何时才能开悟呢？

学佛的人要与时俱进，满怀热忱，不断去开拓和创新，而不能为一时的得失、利益、成就或挫折等"窗纸"所蒙蔽，而忘记了进取和人格的提升，从而迷失了真正的光源。"蜂爱寻光纸上钻，不能透处几多难，忽然撞着来时路，始觉平生被眼瞒。"

一桩大买卖

石屋禅师云游的时候，曾经遇到过一个男子，两人谈得投机，便结伴同行。

天黑了，那个男子非常热情地邀请禅师去他家投宿。禅师向他道了谢，晚上就借宿在这个人的家里。半夜的时候，禅师忽然听到有动静，发现一个黑衣人蹑手蹑脚地来到了他的屋子。

石屋禅师大喝一声："谁？"

那黑衣人吓得扑通一声跪倒在地上。禅师上前揭去蒙在黑衣人脸上的面纱，定睛一看，原来竟是白天和自己一起赶路的那个男子，也就是这家屋子的主人。

"怎么是你？喔，我知道了，原来你留我过夜是为了这个啊！我一个出家人能有多少钱？你如果要干，就去干一桩大买卖！"

那男子开始时一愣，后来非常惊喜地说："原来我们是同道中人！你要教我干一桩什么样的大买卖啊？"

我有明珠一颗，久被尘劳关锁。今朝尘尽光生，照破山河万朵。

禅师看他这个心急的样子，对他说道："可怜呀！你放着终生享受不尽的宝贝不用，却来做这样偷鸡摸狗的小买卖。这种终生享受不尽的宝贝，你想要吗？"

"终生受用不尽的宝贝？它在哪里？快讲，快讲！"男子两眼放光，迫不及待地问道。

禅师突然一把抓住男子的衣襟，厉声喝道："它就在你的怀里面。你不知道你的怀里有宝贝，却要自甘堕落，你枉费了父母给你的身子！"

一声棒喝，男子恍然大悟，赶紧向禅师磕头致谢。从此以后，这个男子改邪归正，金盆洗手。他发现了自家的宝藏，开始自食其力，终于过上了快乐的日子。

我们每个人都拥有一座自家的宝藏，遗憾的是，却很少有人认识到它的价值，就像那个贫女一样，自家院子里埋藏着无价的宝藏，自己却一贫如洗。而禅的真谛，就是让我们认识到这个自家宝藏，就是让我们明心见性，当下觉悟。在平平淡淡、朴素无华的生活中，享受人生的乐趣。

六祖慧能大师说：

何期自性本自清净，何期自性本不生灭，何期自性本自具

足，何期自性本不动摇，何期自性能生万法！（《坛经》）

这个本性"本自清净"，清清净净，纤毫不染的出尘；

这个本性"本不生灭"，万古常新，不生不灭是永恒；

这个本性"本自具足"，我们每个人的生命原本都具有；

这个本性"本不动摇"，淡定从容，不受外在事物的影响和干扰；

这个本性"能生万法"，能创造出这个世界上一切最为美好的东西。

这就是我们的本心本性，也就是我们的自家宝藏。这个自家宝藏，"取之无竭，用之不尽，是造物者之无尽藏也"（苏轼《前赤壁赋》）。就从现在开始，认真发掘你的自家宝藏，你就也能够快快乐乐，终身受用。

好一堆牛粪

佛家讲"心离不开物，物离不开心"。人对外在认知的美丑都是心灵净秽的体现，佛印禅师曾巧用各种方法来启示苏东坡早日看破红尘，当下解脱，来获得自性天空的澄明。

据说，有一次苏东坡去拜访佛印禅师，看到佛印禅师正在打坐，于是就在佛印禅师旁边学着他的样子坐下。大约过了两个时辰，苏东坡觉得身心通畅，于是起身站了起来。他觉得自己的"禅功"已经入门了，便忍不住向佛印禅师问道："禅师，你看我坐禅如何？"

佛印禅师看了看苏东坡，心平气和地答道："好一尊佛！"

苏东坡听到禅师的赞赏，神采飞扬，大为开心。过了一会儿，佛印禅师随口也问苏东坡："你看我的坐姿如何？"

苏东坡与佛印禅师交往甚密，平日里总是你来我往地调侃。苏东坡觉得这是个难得的机会可以来调侃佛印，以便彰显自己的尊贵，于是看着婆娑于地的佛印禅师，就毫不客气地说："好一堆牛粪！"然后自己在那里哈哈大笑。

佛印禅师听了苏东坡的话，不仅没有动怒，反而坦然一笑。

苏东坡以为这一次与佛印禅师的谈禅论道，自己占了上风，于是回家便向其妹述说自己的喜悦。听完哥哥的叙说，深悟禅理的苏小妹笑着说："哥哥，您这次谈禅不但没有赢到佛印禅师，相反的您输得很惨啊！"

苏东坡不解地问道："明明是我赢了，怎么会输呢？"

苏小妹说："哥哥啊，万法唯心，心外无法，这道理你是知道的。佛家追求的是心灵的净化，唯有心净，国土方能清净，师父说你像一尊佛，这说明佛印禅师心净如佛，见到你也是佛。可是你看他像牛粪，这是说明你的心污浊不清，看到他才会认为他是一堆牛粪。师父嘴里走出的是一尊佛，哥哥你嘴里拉出的却是一堆牛粪。你看你的臭嘴巴，还不是输了吗？"经过妹妹这一点拨，苏东坡惭愧得无地自容。他开始对佛印禅师的崇高修行，表现出无限的敬仰。

佛家认为所有的境界都是由我们的心造成的。《大乘本生心地观经》里说："心清净故，世界清净；心杂秽故，世界杂秽。

我佛法中，以心为主；一切诸法，无不由心。"正是因为心境的净染，会直接影响到我们对外在世界的观感，所以当我们心情不好的时候，再好的饭菜，也品尝不到其香味；再美的景色，也欣赏不到其美丽。但如果我们心情开朗，即使是粗茶淡饭，也能品尝出其芳香；即便身居陋室，也依然能够心安意泰。

第三章

【万事随缘】

随缘是不怨尤，不强求，不偏激，不极端，是随顺因
缘顺势而为。随缘不是消极，不是听天由命，不是任
之弃之，而是积极进取，诚以平常心对待周遭的人、
过往的事。平和处理好该做的事，安顿好应负的责，
不刻意寻求结果，也不自暴自弃放弃努力。心不以物
境而摇摆，意不随境遇而起落。

黄墙铁网院门红，柏子新栽仰古风。自比赵州行脚到，愧无禅悦与人同。

随他去吧

公案中大多是有一个字或一句话供学人参究之用，称为"话头"。参禅时，在公案的话头下工夫，称为参话头。参话头是一种简单的方便法门，而且是一种非常了不起的法门。是自古迄今"明心见性"、"开悟成智"的唯一的黄金方法，很多开悟大德都从参话头开悟的。下面琅琊禅师的这位女弟子，也不例外。

琅琊禅师的一个女弟子向琅琊禅师请教如何参话头。琅琊禅师道："你就参一句'随他去'吧！"这女弟子听了之后，便依而行之。

有一天，有人跑来告诉她："不好了，你家着火了，赶紧去救啊。"

女弟子说："随他去吧！"

没过几天，又有人跟她讲："唉呀！今天你家遭小偷了，被偷走好多东西。"

"随他去吧！"

家里着火，小偷入室，本是万分紧急的事情，谁听了都会着急，怎么能随他去呢？

后来又有一天，她和丈夫在家炸东西。丈夫烧火，她掌锅。她将面团滑向锅底，只听"哧"的一声响，她当下悟道，便丢下面团，拍手笑着离去。

丈夫一看，急了："喂！喂！你怎么说走就走开了呢？"

她答道："随他去吧！"

丈夫十分不满："你是不是疯了呢？锅里的油正热着呢，怎么能随它去呢？"

这位女弟子接受禅师教诲，专心参究，故能忽略外境而万缘放下。以致家中起火、小偷入室，都不为所动。大师言："修行三大劫，悟在刹那间。"女弟子专注参话头而心无旁骛，功夫到家，一弹指间，就悟过来了。

现实生活中也是一样，我们为什么会感到心累？为什么会越来越疲惫？问题就在于我们还没有学会放下。放不下曾经的辉煌，放不下眼前的利益，放不下旧日的恋情，有了这么多的包袱在肩，怎么能活得潇洒自在？只有学会放下，学会"随他去吧！"我们才能摒除心魔，了无牵挂，才能使自己活得更宽容、更睿智、更轻松。

　　看到别人在老板面前嘀嘀咕咕，指指点点，我们不必在意，且"随他去吧！"看到别人附炎趋势，屡屡得利，只要不妨害到我们，就"随他去吧！"看到别人别墅洋车，权倾一世，不必羡慕，也不用嫉妒，就"随他去吧！"无论是在工作中，还是在生活中，碰到事情，我们都能够放下，做到"随他去吧"，我们就也能够像那位女弟子一样，活得无拘无碍，逍遥自在。

求人不如求己

有一个人在屋檐下避雨，突然看见观音撑着雨伞走了过来。

这人说："大慈大悲的观音菩萨，普度一下众生吧，请带我一段路如何？"

观音说："我在雨里，你在檐下，而檐下无雨，你不需要我度。"

这人便立刻跳出屋檐，站在雨中说："现在我也在雨中了，这下该度我了吧？"

观音说："你在雨中，我也在雨中，我不被淋，是因为有伞；你被雨淋，是因为无伞。所以不是我度自己，而是伞度我。你要想度，不必找我，请自己找伞去吧！"说完便消失在雨幕中。

第二天，这个人又遇到了难事，便去寺庙里求观音解脱。

他刚走进庙里，便发现观音的佛像前也有一个人在拜，那个

人长得慈眉善目，和莲花座上的观音一模一样，丝毫不差。

这人大惑不解，轻声问道："你是观音吗？"那人答道："我正是观音。"

这人更加迷惑，又问："那你为何还拜自己？"观音笑道："我也遇到了难事，但我知道，求人不如求己。"

故事诙谐，却颇能说明问题。无论何时，真正度我们过难关的，并不是菩萨，而是我们自己。因为，我们每个人的内心都藏有无尽的宝藏，只要用心开发，便能生出无尽的智慧和能量来。六祖慧能说过："菩提只向心觅，何劳向外求玄。"《周易》里也说，"天行健，君子以自强不息"，都是这个道理。

不求诸己，反求助诸人，总希望得到别人的帮助、关爱、提携和赐予的人，是可怜的。他们把希望寄托在别人身上，总以为自己家庭背景好，老爸老妈有权势，朋友哥们关系铁，于是，有钱的靠钱，有权的靠权，有关系的靠关系，总以为自己有了这些依仗，就可以放心睡大觉，就万事无忧。殊不知，靠山山会倒，靠人人会跑，任何时候，我们真正可以依靠的，只有我们自己。

缘浅缘深

有两位妇人去拜见一位有名望的大师。

师父先看了看其中较胖的一位，叹口气："你挺有福气的，但是跟孩子的缘浅。"大师又看了看其中较瘦的一位，也叹了口气："你跟孩子的缘深，可是比较辛苦。"

两个妇人都笑了："您是不是看我们一胖一瘦所以这么说啊？其实恰恰相反耶！"

较瘦的妇人说，"她的孩子好极了！从不用操心，就样样拿第一。现在是美国的名医，不但给妈妈雇管家，还有车有司机呢！要说她跟孩子的缘浅，那我就等于没孩子了。"

"为什么？你命中也有个儿子啊！"大师问。

"得了吧！我从他小时候就带前带后，学这个学那个，补这个补那个，却没一样行，现在跟我摆水果摊，跟她的孩子能比吗？"

南台静坐一炉香，终日凝然万虑亡。不是息心除妄想，只缘无事可思量。

大师沉吟了一下，转过脸去问胖太太："她说得对不对？"

"不对！"胖太太说，"她确实很辛苦，她儿子的成绩也确实不如我儿子。可是您知道吗？我反而羡慕她。"

瘦太太立刻叫了起来："我有什么好被羡慕的？"

"我羡慕你的孩子总是能陪伴着你，小时候你带前带后，现在他跟前跟后，你早上睁开眼就能看到他，和你一起摆摊子，一起收拾回家，连今天都是他开车送你来的。哪像我，孩子一年也不回来一趟，我去美国看他，却连话都说不上两句。讲实话，我宁愿没司机，像你一样，由儿子开车，母子二人可以一路说说话！"

大师拍手道："你们不是都自己说了吗？请问，谁跟孩子的缘浅，谁跟孩子的缘深？我说得准不准？"

如今的生活确实如此，我们的身边人有在国外或别的城市功成名就的，他们一年难得回一次家，父母昔日引以为荣耀的事情如今却化作今天孤独的思念，或许这些真的远远比不上儿孙绕膝，儿女常回家看看的温馨。

生死皆无常

自古以来，生与死便是一个非常神秘的问题。佛说："人命在呼吸间。"《大佛顶首楞严经》说："始终相成，生灭相继，生死死生，生生死死，如旋火轮，未有休息。"佛教对生死的看法，如同春去秋来，日升月坠那样，是一种自然现象。我们能了解到死亡，是生的反面，有生必有死，不能更改的定律。

那么，我们何必忌死、畏死、憎死、怕死呢？学佛者要具有"平常心"，一个人若有"平常心"，则无论遇到任何困难及挫折，都能够真正坦然自在；了解世间的形相本就如此，所以不会害怕惶恐或忧愁苦恼。

从前，有一位妇人，她对自己的儿子百般呵护，疼爱有加。不料有一天，孩子突染恶疾，不幸离开了人世。此事如同晴天霹雳，令老妇人无法接受，于是她天天守在儿子的坟前，哀伤哭泣："在这个世间，儿子是我唯一的亲人，现在竟然舍下我先走

拥毳对芳丛，由来趣不同。发从今日白，花是去年红。

了，留下我孤苦伶仃地活着，还有什么意思啊？"

一位行脚僧路过看到这种情形，就问："你想让你的儿子死而复生吗？"

"是啊！那是我的希望啊！"妇人如同水中的溺者抓到浮木一样急忙说。

"只要你点着上好的香来到这里，我便能使你的儿子复活。"僧人接着嘱咐道，"但是，你要记住，这上好的香要用家中从来没有死过人的人家的火点燃才行。"

妇人听了，二话不说，赶紧准备上好的香，拿着香立刻去寻找从来没有死过人的人家的火。她见人就问："您家中是否从来没有人过世呢？"

"家父前不久刚往生。"

"您家中是否从来没有人过世呢？"

"妹妹一个月前走了。"

……

妇人不死心，然而，她问遍了村里所有的人家，没有一家是没死过人的，她找不到这种火来点香，只好又失望地回到坟前。

老妇人一见到行脚僧，就唉声叹气地说："大德世尊，我走遍了整个村落，每一家都有亲人逝去，没有家里不死人的啊！"

僧人见时机成熟，就对妇人说："这个世界上的一切事物，都是遵循着生灭、无常的道理在运行。有生必有死，谁也不能避免生、老、病、死、苦，并不是只有你心爱的儿子才经历这变化无常的过程啊！"

人有生老病死，月有阴晴圆缺。生老病死是人生不可抗拒的自然规律，难以避免的过程。佛经上说："生又何尝生？死又何尝死？"本来生生死死，死死生生，都是在同一个循环中。所以说：死是生的开头，生是死的起点。佛法教我们如何超越生死的怖畏，要活得自在，死得庄严，生命是一场惜福的过程，懂得惜福、培福，珍惜人生每一刻，不要让时光空过，才能自在地面对生命的无常。

我们无法管住自己的生命，更无人能挡住死期，让它永驻人间。既然生命无常，我们更应该好好地爱惜它、利用它，让这无常、不实的生命，散发它真善美的光辉，映照出生命的价值。

勘破浮生一也无，单身只影走江湖。鸢飞鱼跃藏真趣，绿水青山是道图。

如露亦如电

有一个名叫心通的小沙弥，他厌倦了暮鼓晨钟的禅修，他觉得这样时间过得太慢了，急切地盼望自己早日成为一代法师。有一天他对道悟禅师说："我如果能像师父一样德高望重、道行深渊就好了，那样的人生境界多么令人羡慕啊！"

道悟禅师听后，未发表任何意见和看法，只是用手指指天边的一朵白云，对心通说："你看天上的朵朵白云多漂亮，多安静！"

心通也附和说："确实如此！"

道悟禅师又指指一盆正在怒放的花说："你看那盆鲜花，翠绿的枝叶，鲜艳的花朵，开的多茂盛！"

心通也附和着说："真鲜艳啊！"

几个时辰之后，心通把刚才发生的事儿似乎全忘了。道悟禅师忽然问他："刚才那朵漂亮的白云呢？"

　　"早已飘逝得无影无踪。"心通看看天边说。

　　又过了几天，道悟禅师对心通说："你去把我那天指给你的那盆鲜花端过来，我看看它开得怎么样了。"

　　心通赶紧去找那盆花，可是，花的花期已过，只剩下发黄枯萎的枝叶了。道悟禅师就说："都是过眼云烟啊！"直到这时，心通才豁然顿悟。

　　《金刚经》云："一切有为法，如梦幻泡影，如露亦如电，应作如是观。"时光如梭，转瞬即逝。人生苦短，光阴金贵。珍惜当下的每一分钟，心灵之花自然鲜明，生命之花自然葱茏。佛曰：凡所有相皆是虚妄，见诸相非相，即见如来。

禅师的宝藏

有个小偷到一座寺院里去偷东西，他前前后后寻找了大半天，发现寺院里根本就没有什么值钱的东西值得他偷。小偷万般无奈，正想转身离去。

突然，他听见有人叫道："朋友，走的时候请顺便关一下门！"原来，无相禅师就在床上睡着，他一直没有说话，在那个小偷要走的时候才告诉他顺便把门带上。

小偷听到有人说话，吓了一跳，但当他听到是禅师的声音时，叹了一口气说："难怪这么穷，懒惰到这种地步了，连门都要别人关，怎么会有值钱的东西呢？"

无相禅师听到小偷这样说话，就回应道："你这样说就太不合情理了，难道让我用自己的辛苦钱买东西给你偷吗？做小偷到了你这种地步，实在是无可救药的了！"

小偷觉得遇到这种和尚，自己真是倒霉，有什么办法呢！什

山河天眼里，世界法身中。莫怪销炎热，能生大地风。

么也不说，便转身走了。无相禅师悟道多年，脑海中的东西是最有价值的，但是小偷却认为这里没有什么值得他偷的东西，其实他哪里知道，世上只有智慧是别人偷不去的，也是最有价值的。

藏在脑海里的智慧，那才是无相禅师的无尽宝藏。小偷对此却不感兴趣，对他而言，那完全是些没有用的东西。世人只为名利活，巧夺豪取，一生奔波，心为物役，身为之累。到头来，终究是一场镜花水月。若能早看破，脱去名利锁，始得自由真快活。

"打开无尽藏，运出无价珍。不依倚一物，显示本来人！"

——（《圆悟录》卷三）

痛了自然就放下

从前有一个人，整日郁郁寡欢，遇到事情总是优柔寡断。一天，他找到一位老和尚，向他诉说了自己的苦恼。他对老和尚说："我总是放不下一些人，一些事，所以我的生活倍感纠结，我的身心也疲惫不堪，我看不到生活的希望。"

和尚听后拿出一只杯子交到这个人手里，然后往杯子里倒热水，一直倒到水都溢出来。这个人被热水烫到手后，立马松开了手。

这时候，老和尚语重心长地对他说："世界上没有什么东西是放不下的，只是自己太执著不愿放下而已。痛了，自然也就放下了。"

事实上，我们很多时候放不下：我们有了功名，就对功名放不下；有了金钱，就对金钱放不下；有了爱情，就对爱情放不下；有了事业，就对事业放不下。

步步穿篱入静幽，松高柏老几人游。花开花落非僧事，自有清风对碧流。

这是因为我们心中还有希望，比如对爱还存有希望，期许未来会改变，心中的贪欲还在作梗，对方的行为还没有触及自己的承受底线等。总之，没有让自己痛到必须撒手。

放下其实是一种顿悟。优柔寡断的人常常思前想后，拿起来慢，放下也慢。倘若他经历过一次重大的变故，比如与死亡擦肩，那么这种重击会让他一下子像变了一个人。看开了、看淡了，自然也就放下了。

一个探险家在经过险峻的悬崖时，不小心掉到了深谷里。他的双手在空中攀抓，刚好抓住崖壁上枯树的老枝，总算保住了性命。忽然看到慈悲的佛陀站在悬崖上，慈祥地看着自己。此人如见救星，赶紧求佛陀说："佛陀！求求您大发慈悲，救救我吧！"

"只要你听我的话，我便会救你的命。"佛陀慈祥地说。

"佛陀！我全都听你的。"

"松开你攀住树枝的那只手，你就将能从生死桎梏中解脱出来。"

此人一听，心想：把手一放，势必掉入万丈深渊，跌得粉身碎骨，哪里还保得住性命？因此继续抓紧树枝不放。佛陀看到此人执迷不悟，只好离去。其实那人离地面仅有一米距离。

　　人之所以痛苦，是因为追求错误的东西，是因为贪欲。我们每天背负着欲望自然是很累。见物喜物，见人爱人。可是面对未来，我们要懂得止损，及时清零。欲望会使人在生活中迷失自我，过去的已然过去，既然已经失去，那它从一开始就不真正属于你，回忆与留恋只能成为生活的绊脚石。过去的事情可以不忘记，但一定要放下。放下了便万般自在。

我从曹溪来

一个年轻僧人向行思禅师询问："禅师，生命的意义是什么？"

行思禅师说："市场里的菜涨价了吗？"

僧人明白了禅师的意思："生命存在于任何地方，喝茶吃饭，行住坐卧，都有人生的真谛，抬头看天的时候还要注意脚下的路。"

又有一个僧人来到了行思禅师那里。

行思禅师问道："你从哪里来？"

僧人答："从曹溪来，从六祖师父那里来！"

行思禅师问："你带什么来了？"

僧人摇摇头，抖抖身体，表示已经看开、看破、放心、放下了，早已身无外物。

行思禅师叹了一口气，说："唉！何必落于形相？你还是带

身是菩提树，心如明镜台。
时时勤拂拭，莫使有尘埃。

来不少碎石瓦砾呀！"

僧人躬身问："您真的可以告诉我关于人生的真谛吗？"

行思禅师说："是否能够告诉你又有什么关系呢？即使告诉你了，你把自己放在哪里呢？连自己的本性都把握不了，还来追求什么人生的真谛！"

过了几天，又来了一个僧人，他就是后来的石头禅师。

行思禅师问："你从哪儿来？"

僧人回答说："我从曹溪来，从六祖师父那里来。"

"你身上带着什么来了？"

"我没有去曹溪求法之前，并没有失掉什么东西啊！"

"既然如此，那你还去曹溪干什么？"

"我去印证！"

"我不去曹溪，我怎么知道人生的一切奥秘都在我自己的心中，我并不缺少什么东西呢？"有些事情，只是想并没有用，只有亲身经历了，才知道是不是正确的。

同道中人

有一天，一位高僧深一脚浅一脚地冒着酷热赶路，当他途经一片庄稼地的时候，田里的汉子就讥笑道："师父走得这么急，是不是找不到地方打秋风了啊？"

高僧一听这话，停下脚步说："如果说我去打秋风，那你又在做什么？"

汉子高傲地说："我在播种、耕地，期盼丰收！"

高僧听了，微微一笑："那么我跟你也是同道中人了！"

汉子一脸讥讽地说："你也是耕耘者？"

高僧仍旧微笑着说："只不过我和你的耕耘方式不一样而已！"

汉子满脸疑惑地问道："有何不同？"

高僧言道："你播种耕地，需要有犁，需要有牛，而且要有土地和良种，再加把劲才行。到头来这收成是否好，还要看你当初

耕的地是否松软，用的牛是否强壮，种的地是否肥沃，使的劲是否得当，节气是否平稳。即便最后你确实有收成了，那收到的粮食又能为天下多少饥苦的人填饱肚子呢？"

汉子听后，不服气地说："那你又能为天下苍生做些什么呢？"

高僧不急不躁地说："我以众生的心灵为田地，以博大精深的佛法作种子，以深厚的修为作为耕牛。我在芸芸众生的心田，播上开启智慧的种子，以深厚的修为为执迷的人开垦前行的道路，从而使众生拔出烦恼，得到安乐，并以他们在心田中成长起来的智慧，去开拓更广博的财富。而他们又以开悟的心，去四处广传善缘，让更多的人在心里种下启智明慧的种子，使更多的人得到恩惠。"

汉子听完高僧的话，不禁面带羞色，俯身拜倒于高僧的脚下。

禅师与强盗

　　一天晚上，七里禅师正在禅堂的蒲团上打坐，一个强盗突然闯了出来，把又明又亮的刀子对着他的脊背，说："把柜里的钱全部拿出来！不然，就要你的老命！"

　　"钱在抽屉里，柜里没钱。"七里禅师说，"你自己去拿，但要留点买米的钱，要不，明天我就要挨饿呢！"

　　那个强盗拿走了所有的钱，转身就走，七里禅师说："收到人家的东西，应该说声谢谢啊！"

　　"谢谢。"强盗说。他转回身，心里十分慌乱，这种从来没有遇到的现象使他失去了意识。他愣了一下，才想起不该把全部的钱拿走，于是，他掏出一把钱放回抽屉。

　　后来，这个强盗被官府捉住。根据他的供词，差役把他押到寺庙去见七里禅师。

　　差役问道："多日以前，这个强盗来你这里抢过钱吗？"

菩提本无树，明镜亦非台。本来无一物，何处惹尘埃。

"他没有抢我的钱，是我给他的。"七里禅师说，"他临走时还说谢谢了，就这样。"

这个强盗被七里禅师的宽容感动了，只见他咬紧嘴唇，泪流满面，一声不响地跟着差役走了。

服刑期满，那个人便立刻来叩见七里禅师，要求七里禅师收他为弟子。七里禅师不答应，这个人就长跪三日。后来，七里禅师被他的诚心感动，终于收留了他。

善良的慧根烙印于每个人的灵魂深处，七里禅师从不怀疑，也没有放弃给人向善的机会。他以宽容之心，大慈悲的胸怀接纳了强盗，并使他洗心革面，改过从善。人若都能具足爱心，勇于承当，奇迹便会遍地开花。

第四章

【快乐之道】

一个人快乐与否，完全取决于他有没有一种豁达的心态，心中有事世间小，心中无事万丈宽。所以，我们应该时常提醒自己：放下心里的名利羁绊，让心海的阳光普照，只要心路坦荡，我们才能活得很轻松，很快乐。

鹤立松梢月，鱼行水底天。风光都占断，不费一文钱。

一村菊香

　　禅师在院子里种了一棵菊花，经过悉心照料，到了第三年秋天的时候，院子已经变成了菊花园。大朵大朵的菊花，千姿百态，争奇斗艳，香味一直传到了山下的村子里。

　　来寺院礼佛的人都忍不住赞叹："好美的花呀！"后来有人开口，想向禅师要几棵花移植到自家的院子里，禅师答应了。他亲自动手挑开得最鲜、枝叶茂盛的几棵，挖出根须送到了别人家里。

　　禅师送菊的消息很快传开了，前来要花的人络绎不绝。在禅师眼里，这些人一个比一个知心，一个比一个亲近，花是都要给的。几天的工夫，院里的菊花就被禅师送得一干二净。

　　没有了菊花，院子里就像没有了阳光一样，又回复了以前的清幽和寂寞。

　　秋天的最后一个黄昏，弟子看到满院的凄凉，说道："真可惜！这里本该是满院菊香的啊。"

禅师笑着对弟子说："你想想，这样岂不是更好？三年后这里将是一村菊香！"

"一村菊香！"弟子心头一热，望着禅师，只见他的脸上绽放出比开得最美的菊花还要灿烂的笑容。

禅师说："我们应该把美好的事与别人一起共享，让每个人都感受到这种幸福，即使自己一无所有了，心里也是幸福的！这时候我们才真正拥有了幸福。"

三年后的秋天，山下的村子已经成了菊花的海洋，到处都是盛开的菊花，前来游玩的客人纷纷赞叹。而禅师的院子也由于村民的回馈，同样也是金菊摇曳，芳香四溢。

禅师把满院心爱的菊花送给那些山下不相识的人，他的境界在于懂得幸福要与人分享，并从中体味助人的快乐。古人说，独乐乐不如众乐乐。我们不要总想着自己，应该把自己美好的东西拿出来与别人一起分享。当你看到别人脸上洋溢的笑容时，你会体会到，其实与别人分享幸福比自己占有幸福更幸福。

分享是一种大智慧。它能带给人们精神上的充实与快乐。懂得分享的人能收获高于常人几倍的快乐。一份快乐如果乘以十三亿，就是更大的快乐。一份悲伤如果除以十三亿，就是渺小的悲伤。这就是分享的真谛。

我们奉献了一份爱，便等于多了一个人与我们分享爱。我们奉献了一份快乐，便等于多了一个人与我们分享快乐。在不断的分享过程中，我们将获得更大的幸福和快乐。

心净国土净

有一位虔诚的信徒，每天都从自家的花园里采撷鲜花到寺院里供佛。有一天，当她送花经过佛殿时，正巧遇到无德禅师从法堂出来，无德禅师非常欣喜地说道："你每天都这么虔诚地以香花供佛，来世当得福报。"

信徒欢喜地回答道："这是应该的，我每次来寺里礼佛时，自觉心灵就像洗涤过一般的清凉，但一回到家中，心绪就烦乱了。如何在繁嚣的尘世中保持一颗清净纯洁的心呢，请大师指教？"

无德禅师微微颔首，反问道："你以鲜花献佛，想必对花草颇有研究，我且问你，你是如何保持花朵的新鲜不败呢？"

信徒答道："保持花朵新鲜的方法，莫过于每天都给花朵换水，并且在换水的时候，顺便把花梗剪去一小截，因花梗的一端在水里容易腐烂，腐烂之后水分不易吸收，就容易凋谢！"

心随万境转，转处实能幽。随流识得性，无喜亦无忧。

　　无德禅师道："保持一颗清净纯洁的心，其道理也是一样，我们生活的环境就好比瓶里的水，我们就是花朵，唯有不停地净化我们的身心，变化我们的气质，并且不断地忏悔、自省和检讨，不断地改进我们的陋习、缺点，我们才能保持轻松、圆满的状态。"

　　信徒听后，欢喜地作礼答谢道："谢谢禅师的开示，希望以后有机会亲近禅师，过一段寺院中禅者的生活，享受晨钟暮鼓，菩提梵唱的宁静。"

　　无德禅师道："你的呼吸便是梵唱，脉搏跳动就是钟鼓，身体便是寺宇，两耳就是菩提，无处不是宁静，又何必等机会到寺院中生活呢？"

　　佛教提倡"心净国土净，心安众心安，心平天下平"，因为"一切法皆从心生"，如果我们能够净（静）下心来，不断提升自身的修养，以"八风吹不动"的境界和心态来看待周围的一切人和事，就一定能享受到月白风清、自然圆满的人生。

快乐之道

　　某日，无德禅师正在院子里劳作，迎面走过来三位信徒，向他施礼，说道："人们都说佛教能够解除人生的痛苦，为什么我们信佛多年还是不快乐呢？"

　　无德禅师反问道："你们为什么要活着呢？"

　　信徒甲说："我活着，是为了不死。"

　　信徒乙说："我活着，是为了老的时候能享受丰裕的生活。"

　　信徒丙说："我活着，是为了养活一家老小。"

　　无德禅师说："整天想着死亡、年老、辛劳，怎么能快乐呢？你们应该想到理想、信念和责任！"

　　信徒们互相看了看，半信半疑地说："这些说着容易，实际上它能当饭吃吗？"

　　禅师又问道："那么，你们说拥有什么才能快乐呢？"

　　信徒甲说："拥有了名誉，就能够快乐。"

远观山有色，近听水无声。春去花犹在，人来鸟不惊。

信徒乙说："爱情是最甜蜜的，拥有了爱情，就能够快乐。"

信徒丙说："金钱是最有用的，拥有了金钱，就能够快乐。"

无德禅师说："为什么世上有那么多的人拥有了名誉、金钱和爱情，还是很烦恼呢？"

几个信徒面面相觑，无言以对。

一个人快乐与否，完全取决于他有没有一种豁达的心态，心中有事世间小，心中无事万丈宽。所以，我们应该时常提醒自己：放下心里的名利羁绊，让心海的阳光普照，只要心路坦荡，我们才能活得很轻松，很快乐。

当年释迦牟尼佛在世时，有一位黑指婆罗门拿了两个花瓶来献佛。

佛陀对黑指婆罗门说："放下！"

黑指婆罗门于是把左手拿的那个花瓶放在地上。

佛陀又说："放下！"

黑指婆罗门再把右手拿的那个花瓶也放在地上。

然而，佛陀接着还是说："放下！"

黑指婆罗门只得回答说："我已经两手空空了，没有什么可以再放下了，您为什么还要我放下？"

佛陀对他说："我并没有让你放下花瓶，我要你放下的是六根、六尘和六识。当你把这些都放下时，才能从生死轮回中解脱出来。"

放下这两个字听起来容易，做起来却是很难。世人终日奔波，心力交瘁，为名利累，能有几个能真正地放下呢!

佛卷上讲，放下才能快乐。真正的解放，是心之解放；真正的快乐，是心灯常明。心净国土净，心安众生安，心平天下平，心通寰宇通。一如苏东坡云："清夜无尘，月色如银。酒斟时、须满十分。浮名浮利，虚苦劳神。叹隙中驹，石中火，梦中身。虽抱文章，开口谁亲。且陶陶、乐尽天真。几时归去，作个闲人。对一张琴，一壶酒，一溪云。"

不生气的智慧

　　一位妇人脾气十分古怪，经常为一些无足轻重的小事生气。她也很清楚自己的脾气不好，但一遇到事情，她就是控制不了自己。

　　朋友对她说："附近有一位得道高僧，你为什么不去向他诉说心事，请他为你指点迷津呢？"于是，妇人就抱着试一试的态度去找那位高僧。

　　她找到了高僧，语言态度十分恳切，渴望从高僧那里得到启示。高僧一言不发地听她阐述，等她说完了，就把她领到一座禅房中，然后锁上房门，无声而去。

　　妇人本想从禅师那里听到一些开导的话，没想到禅师一句话也没说，只是把她关在屋子里，不理不睬。她气得跳脚大骂，但是无论她怎么骂，禅师就是不理会。妇人实在忍受不了了，便开始哀求，但禅师还是无动于衷，任由她在那里说个不停。

人闲桂花落，夜静春山空。月出惊山鸟，时鸣春涧中。

　　过了很久，房间里终于没有声音了。禅师在门外问："施主，现在还生气吗？"

　　妇人说："我只生自己的气，怎么会听信别人的话，到你这里来！"

　　禅师听完妇人的话，说道："你连自己都不肯原谅，怎么会原谅别人呢？"于是转身而去。

　　过了半个时辰，高僧回来了，隔着窗户又问："施主，现在还生气吗？？

　　妇人说："不生气了。"

　　"为什么不生气了呢？"禅师问道。

　　"我生气有什么用呢？只能被你关在这个又黑又冷的屋子里。"

　　禅师说："你这样其实更可怕，因为你把你的气都压在了一起，一旦爆发会比以前更加强烈。"说完又转身离去了。

　　等到禅师第三次问的时候，妇人说："我不生气了，因为你不值得我为你生气。"

　　"你生气的根还在，你还没有从气的旋涡中摆脱出来。"禅师说道。

又过了很长时间，妇人主动问道："禅师，你能告诉我气是什么吗？"

高僧还是不说话，只是看似无意地将手中的茶水倒在地上。妇人终于顿悟：原来，自己不气，哪里来的气？心地透明，了无一物，何气之有？

往往气由心生，生气伤的终究是我们自己。想想看，为了一点小事就心怀怨恨、大动肝火，对我们有何益呢？生气无非是自己跟自己过不去，自己跟自己较劲，就好比左右手互搏，赢了又能如何？最后受伤的还不是自己？

《素问·上古天真论》里说："恬惔虚无，真气从之，精神内守，病安从来？是以志闲而少欲，心安而不惧，形劳而不倦，气从以顺，各从其欲，皆得所愿。故美其食，任其服，乐其俗，高下不相慕，其民故曰朴。是以嗜欲不能劳其目，淫邪不能惑其心……"只要我们能够坚持"恬惔虚无"，"精神内守"，不仅不会动怒生气，而且还能得到修身养性，颐养天年的效果。我们来看下面的《不生气》歌：

人生就像一场戏，今世有缘才想聚。

相处一处不容易，人人应该去珍惜。

世上万物般般有，哪能件件如我意。

为了小事发脾气，回想起来又何必。

生气分泌有害物，促人衰老又生疾。

小人量小不让人，常常气人气自己。

君子量大同天地，好事坏事包在里。

他人骂我我装聋，高声上天低入地。

三国有个周公瑾，因气丧命中人计。

清朝有个闫敬铭，领悟危害不生气。

弥勒就是布袋僧，袒胸大肚能忍气。

笑口常开无忧虑，一切疾病皆消去。

不气不气真不气，不气歌儿记心里。

只要你能做得到，活到百岁不足奇。

灭却心头火自凉

《华严经》云："一切恶中，无过是嗔，起一嗔心，则受百千障碍法门。"因此，佛要求人们戒嗔。"嗔"就是人们对违背自己心愿或想法的人或事物，产生怨恨的情绪。佛教所说的人生的根本烦恼之一就是"嗔"，它与"贪"、"痴"一起被称为"三毒"。

第十二代祖师大慧宗杲是宋代著名的高僧。他虽为世外僧人，却有着崇高的民族气节与爱国热情。据说当年他曾利用自己在民众中的重大影响，发动信徒支持岳飞抗金。后来被宰相秦桧流放到岭南一带。

一天，有位将军，不知是厌恶连年征战的血腥与残忍，还是看透了生死的无常。他专程来到大慧宗杲禅师处，要求剃度出家。宗杲禅师说："我是出家僧人，看破红尘，与世无争，但眼看着国家破亡，犹心如刀割。你们大丈夫生当报国，杀身成仁，你一位骁勇善战的将军，如今怎能临阵脱逃呢！"将军回答说："我非贪生怕死之辈，实因看破红尘，所以才来出家。请师父慈悲，收我为徒吧。"

宗杲禅师打量了他一阵子，郑重地说："你有家庭，有责任，尘心未脱，现在还不能真正放下，你去吧。"将军急切地表白说："我什么都能得下，家庭、妻妾、名誉、权势和财富，我早已看淡，请师父即刻为我落发吧。"大慧宗杲禅师望了他一眼，说："施主还是请回吧。"将军无奈，只好悻悻而归。

然而，将军并不死心，第二天一大早，他就早早地来到寺院，等候在宗杲禅师的禅房外。宗杲禅师一见到他便说："将军为什么这么早就来拜佛呢？"将军模仿丛林之中流行的偈子，说道："为除心头火，清早礼师尊。"

宗杲禅师见他班门弄斧，故弄玄虚，便开玩笑地说道："凌晨离家园，不怕妻偷汉？"将军勃然大怒，腾地跳起来骂道："好你个秃驴，出口伤人，看我今天不一刀毙了你！"宗杲禅师哈哈大笑道："将军不是要出家的吗？你一切都放下了，妻走妾散，自然与你无关。如今她们偷不偷汉与你还有什么关系呢？你口口声声说一切都放下了，老衲不过是轻轻一撩拨，你就怒火三千丈，你这是放下了呢，还是没放下呢？"

看来，这"放下"，不是谁说放下就能放下的啊。那将军口口声声说自己已经放下了一切，可禅师的一句话刚刚落地，便惹得他"嗔"由心起，怒火中烧。为人者当如大海，如秋月，如明镜，一片博大，一片空灵，一片明净，既深又广，既刚又柔，能容纳一切，又超远一切。方能见人之所未见，忍人之所不忍。这样，我们才能不被外缘所牵，快活自在。

中医认为，怒伤肝。因怒皆由气而生，气和怒是两个孪生的兄弟。由怒忿不平，而怒火勃发，容易造成"血气耗，肝火旺，怒伤肝"。历史上，甚至因盛怒而身亡者，也比比皆是。无论从人体养生还是修心养性上讲，生气发怒都是有百害无一利的。

现实生活中，和同事意见不合，与上司产生误会，邻里发生摩擦，或者嫉恶如仇，凡事看得太真，都难免会产生嗔心。《正法念处经观天品》中说，嗔怒如毒蛇、如刀、如火，有智慧的人，应当要以忍灭嗔。要记住：平心静气，就是善，怒气冲天就是恶。

《摄论》中说，观五义可以去除嗔病：

1. 观一切众生无始已来于我有恩。

2. 观一切众生常念念灭，何人能损？何人被损？

3. 观唯法无众生，有何能损及所损？

4. 观一切众生皆自受苦，云何复欲加之以苦？

5. 观一切众生皆是我子，云何于中欲生损害？

翻译过来，就是：

1. 所有的人有生以来对我们都是有恩的，我们要常怀感恩之心。

2. 所有的人最终都将灰飞烟灭，谁又能对他人怎样，或被他人怎样呢？

3. 众生都会化为灰烬的法则不会改变，我们又有什么能怨恨或被怨恨的呢？

4. 我们来到世界上都是受苦的，我们又怎么能忍心再加深他人的痛苦呢？

5. 一切众生都是我们的亲人，面对他们，我们怎么能生怨恨责难之心呢？

吾心似秋月，碧潭清皎洁。无物堪比伦，教我如何说。

禅师挠痒

从前，有一个年轻人，他每天生活在烦恼、纠结和抱怨的情绪中。一天，他找到深山里的一位老禅师，向其诉说了自己的痛苦。禅师听了笑而不语，等年轻人倾诉完，禅师说话了，他说："过来，我给你挠一下痒。"

年轻人一脸不解，问道："我是来请您帮我消除烦恼的，您却要给我挠痒痒，二者有什么关系吗？何况我并不痒啊？"

禅师说："他们的关系大得很！"

年轻人无奈，只好掀开背上的衣服，让禅师给自己挠痒。禅师只是随便在年轻人的身上挠了一下，便再也不理他了。

年轻人突然觉得自己背上有一个地方痒得难受，便对禅师说："您再给我挠一下吧。"

于是，禅师在年轻人的背上又挠了一下，刚挠完，年轻人觉得另一个地方又奇痒无比，便求禅师再给自己挠一下。就这样，

在年轻人的要求下，禅师给年轻人挠了一上午的痒。

年轻人临走前，禅师问他："你还觉得烦恼吗？"

整整一上午，年轻人都在缠着禅师给自己挠痒，居然将所有烦恼的事情都给忘记了。于是，他摇了摇头说："不烦恼了。"

禅师这才点点头，笑着说："其实，烦恼就像挠痒，你本来是不觉得痒的，但是如果你闲来无事，去挠了一下，便痒了起来，并且越挠越痒。人生的快乐不在于你得到多少，不计较得失成败，不要让自己处在自寻烦恼之中。自寻烦恼想必是人生最大的自我冤枉，让自己忙碌起来，充实起来，也就没有时间去想烦恼的事了。"

没有止境的欲望

南阳慧忠禅师被唐肃宗封为"国师"。有一天，肃宗问他："朕如何可以得到佛法？"

慧忠答道："佛在自己心中，他人无法给予！陛下看见殿外空中的一片云了吗？能否让侍卫把它摘下来放在大殿里？"

"当然不能！"

慧忠又说："世人痴心向佛，有的人为了让佛祖保佑，取得功名；有的人为了求财富、求福寿；有的人是为了摆脱心灵的责问，真正为了佛而求佛的人能有几个？"

"怎样才能有佛的化身？"

"欲望让陛下有这样的想法！不要把生命浪费在这种无意义的事情上，几十年的醉生梦死，到头来不过是腐尸与骨骸而已，何苦呢？"

"哦！如何能不烦恼不忧愁呢？"

闲居无事可评论，一炷清香自得闻。睡起有茶饥有饭，行看流水坐看云。

慧忠答："您踩着佛的头顶走过去吧！"

"这是什么意思？"

"不烦恼的人，看自己很清楚，即使修成了佛身，也绝对不会自认是清净佛身。只有烦恼的人才整日想摆脱烦恼。修行的过程是心地清明的过程，无法让别人替代。放弃自身的欲望，放弃一切想得到的东西，其实你得到的将是整个世界！"

"可是得到整个世界又能怎么样？依然不能成佛！"

慧忠问："你为什么要成佛呢？"

"因为我想像佛那样拥有至高无上的力量。"

"现在你贵为皇帝，难道还不够吗？人的欲望总是难以得到满足，怎么能成佛呢？"

贪婪是一种毒药，人的欲望永远没有止境。拥有了稳定的生活还要去追求安逸，拥有了安逸的生活还要去追求奢侈的物质享受。只要欲望没有尽头，就永远不会快乐。佛陀告诉我们，唯有知足，才能常乐。

快乐在自己

有一次，佛陀来到瓦拉那西。佛陀停在城外一棵高大的榕树下，此时日已偏西，阳光斜照，云朵和大地仿佛披上了金色的外衣。佛陀安静地坐在树下，夕阳透过浓密的树叶映照在他的身上。

恰在此时，瓦拉那西的国王坐着马车经过此处，国王拥有别人得不到的一切，可是他并不开心，满脸忧伤，他觉得自己疲惫不堪，一切都没有意义，没有价值。他忽然想到了死亡。

国王无意中看到榕树下很安静地坐着一个人，身边放着一个乞丐碗，在落日余晖的映照下，那个人看起来很美，端庄、安详和周围的景色看起来是那么的和谐。

国王被眼前这一幅美景深深地吸引住了，他停下马车，心想："这样一个既无权势也无财富的人，却如此平静、安详。也许，人生中还有一些东西是需要我去寻找的……"

尽日寻春不见春，芒鞋踏破陇头云。
归来笑捻梅花嗅，春在枝头已十分。

于是，国王跳下马车，去问佛陀："你只有一个乞丐碗，却拥有如此极致的快乐，而我拥有整个国家，却整日满腹忧伤，这到底是为什么？"

佛陀睁开他那莲花般的眼睛，面对那双眼睛，国王不由自主跪了下来，佛陀的眼睛里空空如也，却充满了自在和光芒、快乐与安详。

佛陀说："我理解你的心情，我从前也和你一样，也是国王的儿子，整日享尽荣华富贵。可是我也深刻体会到了拥有一切却等同于一无所有的痛苦。你现在看我的眼睛，我的眼睛会告诉你一切。你有一天也会像我这样。因为每个人都有可能发生内心的变化，都有可能让自己开悟。"

国王忽然认识到，生活的喜悦和快乐是由内心散发出来的，不是他所拥有的外在的一切所能给予的。国王打消了自杀的念头，他要去寻找那些他还没有找到的东西。

一个人是否快乐在于自己的心境。我们往往在自己高兴时，觉得周围的一切看起来仿佛都是那么生机盎然；我们不愉快时，周围的一切也仿佛黯然神伤。其实，这都源于我们的内心世界，即所谓的境由心生。

劝君不用苦劳神，唤作平常转不亲。冷淡全然没滋味，一回举起一回新。

帮助他人也是在帮助自己

有一天，老禅师带着徒弟下山化缘，途中遇见一位骨瘦嶙峋的老妪。老禅师当即命徒儿留些干粮和银两给老妪，徒儿有些不情愿，撅着嘴嘟囔："师父，我们以后的口粮可全在这儿了。"老禅师问徒儿他们身上的银两和干粮共有多少。徒儿说："干粮仅够三天，银两才化得五两白银。"老禅师颔首微笑道："干粮三日总有食完之时，白银五两不足以修缮一座破庙，但与一无所有的人相比，我们师徒已属幸哉。"说完，老禅师留下了三两白银和师徒二人两天的口粮，随后转身离去。

一路上，老禅师见徒儿闷闷不乐，便道："生死与功德只在一念之间。"

徒儿似懂非懂，恭谨道："是，师父的教诲弟子会铭记于心，有朝一日弟子振兴寺庙，财粮广积，定要济助穷苦百姓。"谁知老禅师听了却轻叹着摇头。几年后，老禅师油尽灯枯，圆寂

莺逢春暖歌声歇，人遇平时笑脸开。几片落花随水去，一声长笛出云来。

前他把一本经书交到徒儿手中，翕动着嘴唇却没能来得及说出最后一句话。

年轻的徒儿接受衣钵后果然持庙有方，不断扩建寺庙。徒儿心想：等寺庙筹建完毕，一定谨遵老禅师的教诲去广济百姓，可是当寺庙颇具规模后，他却又想，等庙宇更具规模后再济助行善吧。

时光荏苒，寺庙已是殿碧辉煌，良田百顷，当年的徒儿也到了风烛残年。可是，几十年来他却因忙于建庙，疏于善事，最终没有做过一件有公德的事情。临终前，徒儿突然想起老禅师留下的那本经书，当他翻开扉页，顿时号啕大哭。

但见经书上赫然写着老禅师当年未及点明的忠告：助人一次，胜似诵经十年。

助人为乐是一种传统美德，帮助别人也是随时随地都可以实现，力所能及的援手才有着更为深刻的意义。赠人玫瑰，手有余香。帮助他人是一个基本的品德，只有帮助了他人，才能体会到帮助他人带来的快乐，所以说，帮助别人的同时，也是在帮助自己。

第五章

【 勇猛精进 】

佛言：夫为道者，犹木在水，寻流而行，不触两岸，不为人取，不为鬼神所遮，不为洄流所住，亦不腐败。吾保此木，决定入海。学道之人，不为情欲所惑，不为众邪所娆，精进无为，吾保此人，必得道矣。

世路风波不见君，一回见面一伤神。
水流花落知何处，洞口桃源别是春。

从小事做起

一个夏日的傍晚，无德禅师与众弟子巡山后，在大殿前的丹墀广场安坐小参。清风徐来，蛙鸣虫叫，众人享受着寺院周遭自然的山峦景色，好不惬意。

这时候，一位学僧忽然问道："老师，寺院边山上的竹子好美啊！不知道是谁家的？"

无德禅师反问："为何有此疑问？"

学僧回答："前天我看到有人正在砍伐竹子，因为不确定竹子是不是寺院的，而没敢上前去制止。所以我现在问老师，这些竹子是不是属于我们常住院的。"

无德禅师淡淡地说："这个问题我回答不了你。"

学僧诧异不解，这么小的问题，老师为什么不肯回答呢？

过了一会儿，无德禅师终于开口："你不可以连这样小的问题都问老师。老师老了，无法一一知道常住院的财产及寺务，你应该去问关心常住院的弟子，最好问自己。你有关心常住院吗？"

世间无论任何事情，都需要大众来关心。我们要学会关心周围的事物，所谓国事、家事、天下事，事事关心。如果连公众的事都置若罔闻，又怎能担当得起重要的任务呢。

人人都是完整的人

一位大师有两位爱徒，可是让谁来做他的衣钵传人，大师一时难以决定。

于是，大师便叫来两位爱徒，让他们外出捡拾一片完整的树叶回来。这个看似随意简单的任务，却能考验人的心神境界。

一个徒弟在外边寻寻觅觅，可是一无所获。他两手空空的回来，他解释说，他见到了无数树叶，但是怎么也挑不出一片完美的叶子，不是不够完整，就是不够滋润；不是太肥厚，就是太单薄……一叶知大千世界，原来世界如此不完美，令他深感烦恼悲观。

另一个徒弟也回来了，神情宁静而喜悦。他交给师父的一片树叶，看上去跟所有的树叶都差不多，它的色泽、筋脉、品相都不出众，更谈不上完美。难道这是一片具有法力的树叶，隐藏了完美的形象？

特入空门问苦空，敢将禅事问禅翁；为当梦是浮生事？为复浮生是梦中？

　　两手空空的徒弟在心里念叨："这样的树叶，我能揽满怀回来，师兄莫不是在敷衍师父？"这个时候，只听师兄说："这片树叶虽然并不完美，但却是我能找到的最完整的叶子。"

　　听得此话，师父便将衣钵传给了该徒弟。

　　这个世界上，我们每个人都存在自己的缺点和优点，所谓人无完人，金无赤金。但每个人却都完整地存在宇宙中，都有喜怒哀乐，都要经历生老病死。人的生命没有高低贵贱之分，每一个生命都应该被尊重，每一张面孔都应该充满阳光，每一颗心灵都应仁慈、感恩。

禅师造城

我们每个人看见的外在世界，都是我们心灵的一种自我折射。世界和舞台的大小，来源我们的心的大小。曾经有一位信徒向无德禅师请教："同样的一颗心，为什么心量会有大小的分别呢？"

无德禅师没有直接回答信徒的问题，他告诉信徒："请你将眼睛闭起来，默造一座城池。"

于是信徒闭上眼睛，开始冥思，他按照自己的想象，在心中构造了一座庞大的城池。

过了一会儿，信徒回答道："城池建造完毕。"

无德禅师又要求信徒："请你再闭眼默造一根毫毛。"

信徒又照样自己的想法，在心中造了一根毫毛。

信徒回答道："毫毛造毕。"

无德禅师道："当你造城池的时候，是否只用你一个人的心去造？还是借用别人的心共同去造呢？"

万般计较皆是空，行住坐卧总是禅。

信徒道："只用我一个人的心去造。"

无德禅师道："当你造毫毛时，是否用你全部的心去造？还是只用了一部分的心去造？"

信者："用全部的心去造。"

于是禅师就对信者开示道："你造一座大的城池，只用一个心；造一根小的毫毛，还是用一个心，可见你的心是能大能小的啊！"

你的心有多大，你的舞台就有多大。因此，我们要想成就梦想，就必须不断拓展自己的心灵空间，做到心胸宽广、眼界高远，这样才能让我们抓住更多成功的机会。

如果我们总是抓着生活中的一些小事不放，将自己的心情始终停留在悲伤情绪里，或者让"心随境转"，失去自己的主宰，那么，清明安定，花好月圆，不仅与我们无缘，而且烦恼、悲观、沮丧都将如影子一般，挥之不去。

其实，心是人的主宰，具有很大的力量，我们想要的世界有多大，那个决定权是完全掌握在我们自己的手里的。如果我们能够打碎心中的坚壁，让自己的心也像原野、海洋、天空一样开阔，便能容下无限的东西，也更能享受到生命的自由和圆满。

泥塑菩萨

　　大山深处的庙里住着师徒二人。有一天，庙里来了一位达官贵人，他给寺庙捐赠了很多财物。这位贵人住了一段时间，便离开了。

　　不久后，一位衣衫褴褛、面黄肌瘦的书生昏倒在寺院门口。师父见状赶忙召唤徒弟过来搀扶，吩咐徒弟为书生准备最好的斋饭。

　　小徒弟心生不满，心想：只有为我们捐赠财物的达官贵人才配得上吃最好的斋饭，可师父却如此厚待不知哪儿来的叫花子，真是糊涂到家了。

　　书生住在庙里的那段时间，小徒弟每天对他冷眼相看，有时候趁着师父不注意，就端出已经馊掉的斋饭，还不给他吃饱。

　　过了一段时间，书生身体痊愈了，便与师父告别。

　　第二天，师父用泥巴塑了一个菩萨，放在庙堂正中，对小徒

外离相即禅，内不乱即定。外禅内定是为禅定。

说是庙里新近请的菩萨。

小徒弟每天都很认真地给菩萨上香，对着菩萨叩头，虔诚地念经。

就这样过了一个月，师父又将那泥菩萨削琢成一只猴子放在庙堂当中。小徒弟发现庙堂前供奉着一只猴子，既吃惊又害怕，几天都没敢去上香。

老和尚问他："你怎么不去上香了？"

"师父，庙堂前摆放着一只猴子，难道菩萨变成了猴子吗？"小徒弟反问道。

老和尚拿过那猴子，再次削琢，一尊菩萨又栩栩如生地出现在小徒弟的面前。小徒弟愣愣地望着师父，不知道是什么意思。老和尚敲了一下小徒弟的头，继续念经，不再理会他。

可就是这一敲，似乎敲醒了小和尚。他说："我明白了，师父，其实每个人的生命都是一样的，都像这团泥，只是每个人塑造出不同的表象而已。我之所以对达官贵人和书生的态度不同，是被他们的表象迷惑了。"

老和尚笑了："其实，认识那平平淡淡却可以捏塑出无尽形象的生命之泥，才是人生最大的意义所在。"

无意才是真

方丈要出远门儿，临行前他告诉徒弟，明天要很晚才能回来，寺里要来两位客人给佛祖上香。这两个人是师父的挚友，他让小和尚好好地招待客人。

小和尚点头答应。

第二天方丈走后，小和尚在后山上摘了满满一篮子桃子，等待着客人的到来。

这时寺庙前站了一老一少两个人，老人看到小和尚说："我们是从下面小村庄来给佛祖上香的，打扰小师父了。"

小和尚说："施主客气了！今天师父临走的时候已有安排，说是有两位朋友要来给佛祖上香。"

老人大吃一惊，说："师父真乃先知啊，连我们要来上香也知道。"

老人和孩子走到神像前，给佛祖上香许愿。

未成佛果，先结善缘。

　　小和尚把洗好的桃子给两位客人食用。 老人说："我们该走了，谢谢小师父，请转达对方丈的谢意。"

　　傍晚，方丈回来之后，小和尚把今天客人来的事告诉了方丈。

　　方丈很奇怪，刚才路过他们家时，老人说抱歉了，本来今天要去佛前上香许愿，但家中有事耽误了，没去成。

　　言毕，方丈猛然悟出了禅理，念了声"阿弥陀佛"。他说：人世间的事，无意才是真，有意便是假了。

隐居禅师

　　无德禅师一向在行脚，一天来到佛光禅师处，佛光禅师对他说："你是一位很有名的禅者，可惜为什么不找一个地方隐居呢？"

　　无德禅师无可奈何地答："究竟哪里才是我的隐居之处呢？"

　　佛光禅师道："你虽然是一位很好的长老禅师，可是却连隐居之处都不知道。"

　　无德禅师说："我骑了三十年马，不料今天竟被驴子摔下来。"

　　无德禅师在佛光禅师处住下来。一天，有一学僧问道："离开佛教义学，请禅师帮我抉择。"

　　无德禅师告诉他道："如果是那样的人就可以了。"

　　学僧刚要礼拜，无德禅师说："你问得很好，你问得很好。"

　　学僧道："我本想请教禅师，可是……"

江月照，松风吹，永夜清宵何所为？
佛性戒珠心地印，雾露云霞体上衣。

无德禅师道："我今天不回答。"

学僧问："干净得一尘不染时又如何呢？"

无德禅师答道："我这个地方不留那种客人。"

学僧问："什么是您禅师的家风？"

无德禅师说："我不告诉你。"

学僧不满地责问说："您为什么不告诉我呢？"

无德禅师也就不客气地答道："这就是我的家风。"

学僧更认真地责问道："您的家风就是没有一句话吗？"

无德禅师说："打坐！"

学僧更顶撞道："街上的乞丐不都在坐着吗？"

无德禅师拿出一个铜钱给学僧。学僧终于省悟。

无德禅师再见佛光禅师报告说道："当行脚的时候行脚，当隐居的时候隐居，我现在已找到隐居的地方！"

自古以来的禅僧，有的行脚云水，有的隐居深山，有的躲藏盛名之累，入山唯恐不深，有的接待十方，等待有缘的传灯之人。究竟怎么做才是禅僧真正的生活行止呢？正如无德禅师说："当行脚的时候行脚，当隐藏的时候隐藏。"

佛桌上盛开的鲜花

朝阳升起之前，山门外凝满露珠的春草里，跪着一个人："师父，请原谅我。"

他是某城的风流浪子，二十年前曾是庙里的小沙弥，极得方丈宠爱。方丈将毕生所学全数教授于他，希望他能成为出色的佛门弟子。但他却在一夜间动了凡心，偷下山去。

五光十色的城市遮住了他的双眼，从此花街柳巷，他只管放浪形骸。

夜夜都是春，却夜夜不是春。二十年后的一个深夜，他陡然惊醒，窗外月色如洗，清澈地洒在他的掌心。他忽然深感忏悔，披衣而起，快马加鞭赶往寺里。

"师父，你肯饶恕我，再收我做弟子吗？"

方丈深深厌恶他的放荡，只是摇头。"不，你罪过深重，必堕地狱，要想佛祖饶恕，除非连桌子也会开花。"

郁郁黄花，无非般若。青青翠竹，尽是法身。

浪子失望地走了。

第二天早上，方丈踏进佛堂的时候，顿时惊呆了：一夜间，佛桌上开满了大簇大簇的花朵，红的、白的，每一朵都芳香逼人，佛堂里一丝风也没有，那些盛开的花朵却簌簌急摇，仿佛是在焦灼地召唤。

方丈在瞬间大彻大悟。

他连忙下山寻找浪子，却已经来不及了，心灰意冷的浪子重又坠入了他原本的荒唐生活。

而佛桌上开出的那些花朵，只开放了短短的一天，便凋零了。

是夜，方丈圆寂。

俗话说，浪子回头金不换。只要有心，没有什么错误是不可以改正的。一个真心向善的念头，是最罕有的奇迹，好像佛桌上开出的花朵。而让奇迹隐灭的，不是其他，而是一颗冰冷的、不肯原谅、不肯相信的心。

禅师除草

　　有一天，晚课过后，禅师将弟子们召集起来问话。禅师环顾众弟子，问："你们说说，旷野里的杂草怎样才能被除掉？"

　　弟子们暗暗窃喜，心想，师父问的问题太简单了，几岁的孩子都能回答出来，这个肯定难不倒我。

　　一个弟子说道："用铲子把杂草全部铲掉！"禅师微笑着点点头。

　　另一个弟子说："把石灰撒在草上就能除掉杂草！"禅师还是点头微笑。

　　第三个弟子说："你们说的方法都太麻烦了，只要一把火不就可以把草烧掉吗！"禅师依然微笑。

　　第四个弟子说："你们的方法都不可行，照你们的方法，时间不长草还是会长出来的，斩草要除根，把草根全部挖出来就可

清珠投于浊水，浊水不得不清。佛号放入乱心，乱心不得不佛。

以了。"

待弟子们讲完，禅师说："你们讲的都有道理，寺院后山就有一块儿空地，上面长满了杂草。现在给你们每人划分一小块地，按照你们的方法各自去除掉地上的杂草。我也用自己的方法去做。等到秋天的时候我们再去看看结果怎么样。"

于是弟子们纷纷按照自己的方法开始行动起来。

一眨眼，秋天到了。弟子们随禅师来到寺院的后山下，一起来查看杂草的铲除情况。当来到后山的时候，弟子们傻眼了，原来，他们自己辛辛苦苦劳动的地里又长出了一片片的杂草。而禅师所分的那块地，取而代之的是金灿灿的庄稼。

人的坏习惯就像是田地里的杂草，想要去除杂草，就得从小培养好的习惯，让田地里长出庄稼。人的心灵亦是如此，想要心灵不荒芜，需要培养自己的美德，不断完善自我，提升自我。

世间最难的事

俗话说，世上无难事，只怕有心人。人只要用心钻研，有耐心，有毅力，什么困难都能迎刃而解。相反，如果对这些困难不闻不问，置之不理，这些困难将很难解决。

弟子问禅师："老师，如何才能成功呢？"

禅师对弟子们说："今天咱们只学一件最简单也是最容易的事。每人把胳膊尽量往前甩，然后再尽量往后甩。"说着，禅师示范了一遍，说道，"从今天开始，每天做三百次，大家能做到吗？"

弟子们疑虑地问："为什么要做这样的事？"

禅师说："做完了这件事，一年之后你们就知道如何能成功了！"

弟子们想："这么简单的事，有什么做不到的？"

一个月之后，禅师问弟子们："我让你们做的事，有谁坚持

无明实性即佛性，幻化空身即法身。

做了？"大部分的人都骄傲地说道："我做了！"禅师满意地点点头说："好！"

又过了一个月，禅师又问："现在有多少人坚持了？"结果只有一半的人说："我做了！"

一年过后，禅师再次问大家："请告诉我，最简单的甩手运动，还有几个人坚持了？"这时，只有一个人骄傲地说："老师，我做了！"

禅师把弟子们都叫到跟前，对他们说："我曾经说过，做完这件事，你们就知道如何能成功了。现在我想要告诉你们，世间最容易的事常常也是最难做的事，最难的事也是最容易的事。说它容易，是因为只要愿意做，人人都能做到；说它难，是因为真正能做到并持之以恒的，终究只是极少数人。"

后来，一直坚持做的那个弟子成了禅师的衣钵传人，在所有的弟子中只有他成功了。

"滴水能把石穿透，万事功到自然成……"世界上根本没有什么难的事，只要用心去做，坚持不懈，终将会有意想不到的收获。除非你不仔细地做，不认真地做，不用心去做，没有恒心地去做，那么你根本不要谈什么成功，因为你根本做不到。

法本法无法，无法法亦法。
今付无法时，法法何曾法。
令一切众生生欢喜者，则令一切如来欢喜。

沙弥司钟

有一天，奕尚禅师从禅定中起来时，刚好传来阵阵悠扬的钟声，禅师特别专注地竖起心耳聆听，待钟声一停，便忍不住召唤侍者，询问道："早晨司钟的人是谁？"

侍者回答道："是一个新来参学的沙弥。"

于是奕尚禅师就要侍者将这沙弥叫来，问道："你今天早晨是以什么样的心情在司钟呢？"

沙弥不知禅师为什么要这么问他，他回答道："没有什么特别心情！只为打钟而打钟而已。"

奕尚禅师道："不见得吧？你在打钟时，心里一定念着些什么。因为我今天听到的钟声，是非常高贵响亮的声音，那是正心诚意的人，才会发出这种声音。"

沙弥想了又想，然后说道："报告禅师！其实也没有刻意念着，只是我尚未出家参学时，家师时常告诫我，打钟的时候应该

月影松涛含道趣，花香鸟语透禅机。

要想到钟即是佛，必须要虔诚、斋戒，敬钟如佛，用如入定的禅心，和用礼拜之心来司钟。"

奕尚禅师听了非常满意，再三地提醒道："往后处理事务时，不可以忘记，都要保有今天早上司钟的禅心。"

这位沙弥从童年起，养成恭谨的习惯，不但司钟，做任何事，动任何念，一直记着剃度师和奕尚禅师的开示，保持司钟的禅心，他就是后来的森田悟由禅师。

奕尚禅师不但识人，而从钟声里能听出一个人的品德，这也由于自己是有禅心的人。谚云："有志没志，就看烧火扫地"，"从小一看，到老一半"。凡事只要带几分禅心，何事不成？

第六章

【一切皆禅】

佛法讲究机缘，禅，就是机缘，你懂得，无时不禅，
无处不禅，无人不禅，无事不禅。不懂，即使说得天
花乱坠，也与禅无关。禅史中有赵州茶、云门饼之
说，此皆禅也。俗语说："讲者无心，听者有意。"
故无相禅师曰，一切皆法，一切皆禅。

人天福报非久计，苦海茫茫莫留连。

写字悟道

有一位闭门修道几十年的老禅师，据说功夫深不可测。远近的僧人都来向他求教，但他并不说话，仅仅指指禅寺的门、窗和墙壁。这些上面都写着一个字：心。

僧人们当然知道心生万物，自性就在心中，但对老禅师的做法总是苦于说不出什么。就这样，许多年过去了，大家都被那个字挡在了门外。

正巧文益禅师路过此地，有一个好事僧便把这件事说给他听。

文益表现出极大兴趣，便带着弟子和当地僧人一同向老禅师住地走去。

面对文益的问法，老禅师仍然是指指门、窗和墙壁，然后便欲转身离去。

文益眼见老禅师就要离开，于是叫住了他，又让一个弟子打开包裹，包裹里是笔墨，众人都弄不懂他的意思，只是眼巴巴地看看文益。

那老禅师嘴角稍稍动了一下，但没有发出任何声音。

文益将笔蘸饱了墨，在门上写了个"门"字，在窗上写了个"窗"字，在墙上写了个"墙"字，这几个字都写在原先的"心"字旁边。

那"墙"字刚写完，老禅师已朝文益深深礼拜道："我等了数十年，没想到大菩萨今日就在眼前。失敬！失敬！"

佛卷上讲，"即心是佛"讲的就是"心佛唯一，心就是佛，佛就是心"。凡事从心开始，心门乃是众妙之门，别因尘世的污垢玷污了心门。

毁灭一个人只要一句话，培植一个人却要千句话，请你多口下留情。

一切皆禅

　　有一位云水僧听人说无相禅师禅道高妙，想和其辩论禅法，适逢禅师外出，侍者沙弥出来接待，沙弥向云水僧道："禅师不在，有事我可以代劳。"

　　云水僧道："你年纪太小，不行。"

　　侍者沙弥道："年龄虽小，智能不小喔！"

　　云水僧一听，觉得还不错，便用手指比了个小圈圈，向前一指。侍者摊开双手，画了个大圈圈，云水僧伸出一根指头，侍者伸出五根指头。云水僧再伸出三根手指，侍者用手在眼睛上比了一下。云水僧诚惶诚恐地跪了下来，顶礼三拜，掉头就走。

　　云水僧心里想：我用手比了个小圈圈，向前一指，是想问他，你胸量有多大？他摊开双手，画了个大圈，说有大海那么大。我又伸出一指问他自身如何？他伸出五指说受持五戒。我再伸出三指问他三界如何？他指指眼睛说三界就在眼里。一个侍者尚且这么高明，不知无相禅师的修行有多深，想想还是走为上策。

后来，无相禅师回来，侍者就报告了上述的经过，道："报告师父！不知为什么，那位云水僧知道我俗家是卖饼的，他用手比个小圈圈说，你家的饼只这么一点大。我即摊开双手说，有这么大呢！他伸出一指说，一个一文钱吗？我伸出五指说，五文钱才能买一个。他又伸出三指说，三文钱可以吗？我想他太没良心了，便比了眼睛，怪他不识货。不想，他却吓得逃走了！"

无相禅师听后，说道："一切皆法，一切皆禅！侍者，你会吗？"

侍者茫然，不知为对。

禅者，心也，心中有禅，坐亦禅，立亦禅，行亦禅，睡亦禅，时时处处莫不是禅。"青青翠竹无非般若，郁郁黄花皆是般若"。禅就是自然而然，"云在青天水在瓶。"禅就是我们的自家风光，不假外求，自然中到处充斥，俯拾即得。

修行要有耐性，要能甘于淡泊，乐于寂寞。

何处归真

　　慧寂禅师从小笃信佛法，刚成年时要求出家，父母不许，他便砍断自己两个手指表示决心，父母才不得不答应他进广州和安寺出了家。后来，慧寂行脚来到沩山，参谒灵祐禅师。

　　一见面，灵祐问他是有主沙弥还是无主沙弥。慧寂说："有主。"

　　灵祐便问："主在哪里？"慧寂没有回话，他从法堂的西边走到东边，表示自己就是主。灵祐非常惊异这年轻僧人的灵性表现，觉得是个大法器。为了锤炼他，便安排他去放牛。

　　有一次，慧寂正赶着一群牛来到山前的草坪里，就见一个行脚僧沿着进山的大路前往同庆寺去了。可是，没过多久，那行脚僧又沿着原路回来了。慧寂觉得奇怪，便打了个诺，问道："上座刚进同庆寺，为什么不小住几日，竟就要走？"

　　那行脚僧说："我跟大和尚机缘不契合，不得不即时离开。"

　　慧寂忙问："什么机缘不契合呢？"

那僧接着说："我进法堂参拜大和尚。大和尚问我叫什么名字，我说叫归真。大和尚就问我，你归真在哪里？我回答不上来，大和尚就喝令我出来了。"

慧寂听罢，笑着说："嗨，这还不简单？上座莫愁，我告诉你再上山去参拜，就说，刚才大和尚的提问，我已经想出答案了。要是大和尚问你答案是什么，你就说'归真到我眼里耳里鼻里'。"

那行脚僧果然再次来到寺里参拜。灵祐禅师见他去而复来，便阖着眼皮问："你又回来干什么？"

那僧说："刚才大和尚的问题，我已经想出答案了。"

灵祐禅师说："你且说来。"

行脚僧便说："我归真在自己的眼里耳里鼻子里。"

灵祐一听，连忙睁开了眼，惊异地打量了一下眼前的行脚僧，接着又摇了摇头，笑着说："哈哈，你这家伙还会弄虚作假！这可是足以教化五百个僧人的高手才说得出来的话，岂是你心里想得出来的？"

那僧只好承认是山下放牛的僧人教他说的。灵祐禅师便来到山下的放牛场，叫过慧寂来问："这牛群里有佛吗？"

慧寂不假思索地回答说："当然有。"

灵祐追问："那么，你说哪一头是佛呢，不妨指给我看看。"

慧寂却回答说："大和尚何不先说说哪头不是佛呢？"

灵祐被他难住了，只好拍着他的肩膀笑着说："你小子果然是只狮子。"

其实，禅学就是心学。不需舌灿莲花，也不必口若悬河，只轻轻颔首微笑，便妙解心颐。当年，世尊在灵山会上，拈花示众，是时众皆默然，唯迦叶尊者破颜微笑。世尊曰："吾有正法眼藏，涅槃妙心，实相无相，微妙法门，不立文字，教外别传，付嘱摩柯迦叶。"

禅林师父最喜欢的弟子，就是能和师父"拈花微笑"，心灵相通的弟子；师父做一个莫名其妙的动作，说一句不着边际的话，弟子都要知道他心里想的是什么。这不仅是对禅理透彻的理解，也是彼此默契、心领神会的一种写照。

真假妄语

在佛前修行的人要六根清净，跳出三界外不在五行中，才能真正得道。凡是出家的和尚，在受戒的时候，也几乎都有这么一条："不打妄语，如今能持否？"佛家的戒律虽然很多，然而"不打妄语"这句话，却被佛家推崇备至。

道光禅师有一次问大珠慧海禅师道："禅师！您平常用功，是用何心修道？"

大珠："老僧无心可用，无道可修。"

道光："既然无心可用，无道可修，为什么每天要聚众劝人参禅修道？"

大珠："老僧我上无片瓦，下无立锥之地，哪有什么地方可以聚众？"

道光："事实上你每天聚众论道，难道这不是说法度众？"

大珠："请你不要冤枉我，我连话都不会说，如何论道？我

正人行邪法，邪法亦正，邪人行正法，正法亦邪，一切唯心造。

连一个人也没有看到，你怎可说我度众呢？”

　　道光：“禅师，您这可打妄语了。”

　　大珠：“老僧连舌头都没，又如何妄语？”

　　道光：“难道你和我的存在，还有参禅说法的事实，都是假的吗？”

　　大珠：“都是真的！”

　　道光：“既是真的，你为什么都要否定呢？”

　　大珠：“假的，要否定；真的也要否定！”

　　道光终于言下大悟。

　　“色即是空，空即是色，受想行识，亦复如是。”这就是从肯定中认识人生和世间的；般若心经又云：“无眼耳鼻舌身意，无色声香味触法。”这就是从否定中认识人生和世间的。大珠慧海禅师否定一切明句文身，不是妄语，因为否定一切，才是肯定一切。

僧人的谎言

慧藏皈依三宝之前，是当地一个有名的猎人，他的箭法极准，百步穿杨，箭无虚发。

有一天黄昏的时候，马祖在山下的树林边打坐，慧藏远远地追赶着一只梅花鹿跑了过来。那只鹿刚好从马祖身边的小道向西跑了过去。

慧藏追了过来，看到打坐的马祖便问："老和尚，你看到一只鹿了没有？"

马祖说："喔，是梅花鹿吗？向东边跑了。"

慧藏赶快向东边追去，他追了大半天也没看到鹿的影子。慧藏没有追到鹿，就回来质问马祖。马祖问慧藏："你一箭能射几只鹿啊？"

慧藏说："我一箭能射死一只。"

马祖说："你的箭术不高明，我一箭就能射死一群。"

只有面对现实，你才能超越现实。

慧藏说："你个出家的和尚，还真狠心，鹿也是有生命的啊，何必一下要射伤那么多啊？"马祖答道："你既然知道彼此都是生命，你何不自己射自己呢？"

慧藏说："你叫我自己射自己，我就没有下手处了。"

慧藏突然一下子醒悟过来，他马上把箭丢下，跪在马祖面前，从此皈依三宝，后来终于成为一代祖师。

并非所有的谎言都是在骗人，只要能积德行善，助人为乐，哪怕是欺骗的谎言也是功德。马祖编造了一个善意的谎言，不仅保住了小鹿的生命，而且还使慧藏迷途知返，不致一错再错，可谓功德无量。

要克服对死亡的恐惧，
你必须要接受世上所有的人，
都会死去的观念。

商人的四个老婆

在一次法会上，释迦牟尼给大家讲了一个故事。

有一位富商，一生共娶了四个老婆：第一个老婆伶俐可爱，对富商寸步不离；第二个老婆是抢来的一位大美人；第三个老婆，沉溺于生活琐事，过着安定的生活；第四个老婆工作勤奋，东奔西忙，使丈夫根本忘记了她的存在。

有一次，商人要出远门，为免除长途旅行的寂寞，他决定在四个老婆中选一个陪伴自己旅行。商人把自己的想法告诉了四个老婆。

第一个老婆说："你自己去吧，我才不陪你！"

第二个老婆说："我是被你抢来的，本来就不心甘情愿地当你的老婆，我才不去呢。"

第三个老婆说："尽管我是你的老婆，可我不愿受风餐露宿之苦，我最多送你到城郊！"

学佛就是在学做人而已。

第四个老婆说："既然我是你的老婆，无论你到哪里我都跟着你。"

于是商人带着第四个老婆开始了旅行。

故事讲完了，释迦牟尼问："你们知道这个商人是谁吗？"众人面面相觑。最后，释迦穆尼解释说："这个人就是你们自己。"

故事很短，却很让人深思。在这则故事里，释迦牟尼讲的第一个老婆是指我们的肉体，死后还是要与自己分开的；第二个老婆是指财产，它生不带来，死不带去；第三个老婆是指自己的妻子，活时两个相依为命，死后还是要分道扬镳；第四个老婆是指自己而言，人们时常忘记它的存在，但只有它永远陪伴着你。

生公说法，顽石点头

晋末义学高僧竺道生，因其师父竺法汰来自天竺（古印度），故改为竺姓，世称生公。他是鸠摩罗什的高足，十五岁就登坛讲法，二十岁上庐山讲授佛法，成为江南的佛学大师，悟解非凡。当时传到南京的《涅槃经》只有一部分译出，其中说除一阐提（断绝善根的人）外皆有佛性。在南京讲法的道生参悟到其中的奥妙，提出了"人人皆可成佛"的理论，他的理论被守旧者视为邪说，纷纷反对。

南京再也待不下去了，生公不得不前往苏州投奔好友。

到达苏州以后，由于当时守旧派的反对，没有人敢来听生公说法了。生公便来到虎丘山后，在山下搬了许多石头，一行行、一排排地摆好，就像跟禅堂里一样。他把这些石头当成了学经的人。生公每天都对着它们说法讲经，他"吐纳问辩，辞清珠玉"，讲得非常生动。每每讲到精彩的地方，他还情不自禁地发

良心是每一个人最公正的审判官，你骗得了别人，却永远骗不了你自己的良心。

问："你们说对不对？我的阐述是否合乎佛经的原意？"忽然有一天，生公讲得正起劲的时候，他眼前的石头全都像活了起来，像一个个翘首以待的僧众一样，它们睁着渴望的眼睛，等待着他为它们说法。

于是，生公便清了清嗓门，开始向它们阐述"人人皆有佛性"。他才思泉涌，舌吐莲花，把整个佛经讲得非常生动透彻。忽然山外刮过一阵风来，四周的草木在风中左右摇曳，发出呼呼的声响，像是对他的说法报以响应，而那眼前的石头更是在不住地点头，仿佛是对他的"人人皆有佛性"的观点表示赞同。

这所有的一幕，都被生公的好友真真切切地看在眼里，后来被记载在《莲社高贤传·道生法师》里："师被摈，南还，入虎丘山，聚石为徒。讲《涅槃经》，至阐提处，则说有佛性，且曰：'如我所说，契佛心否？'群石皆为点头，旬日学众云集。"于是，"生公说法，顽石点头"的典故便一代一代流传下来。

四面都是山

　　善静和尚在乐普山元安禅师门下修行，每天按时打扫庭院，挑水浇园。有一天，寺内的一位僧人认为自己修业成功，可以下山云游了。于是就到元安禅师那里辞行。

　　那僧人道："师父，弟子已经跟随你修行多年，也多有所悟。今日特来向师父辞行。"

　　元安禅师听了他的请求，笑着对他说："四面都是山，你往何处去？"

　　僧人不解其中蕴涵的禅理，只好转身回去。无意中走进了寺院的菜园子，善静和尚正在锄草，看见僧人愁眉苦脸的样子就惊讶地问："师兄为何苦恼？"

　　僧人就将事情的原委，一五一十地告诉了善静和尚。

　　善静和尚马上想到"四面的山"暗指"重重困难"、"层层障碍"。禅师实际是考考僧人的信念和决心。可惜这位师兄尚未

学佛不是对死亡的一种寄托，而是当下就活得自在和超越。

能够参透师父的旨意，于是笑着对他说："竹密岂妨流水过，山高怎阻野云飞。"

于是那位僧人又来到禅师那里，对师父说道："竹密岂妨流水过，山高怎阻野云飞。"

谁知元安禅师听后，先是一怔，续而眉头一皱，两眼直视僧人道："这肯定不是你拟的答案！是谁帮助你的呢？"

僧人见师父已经察觉，只好把善静和尚给自己讲解的事情说了出来。

元安禅师对僧人说："善静和尚将来一定会有一番作为的。你以后要多学着点。他都没有提出下山，你还要下山吗？"

四面都是山，要如何才能走得出去呢？其实，世上并没有不可逾越的障碍，关键在于我们自己是否有决心和毅力克服困难。只要有决心，有毅力，任何高山都无法阻挡我们前进的步伐。

龙潭在哪里

德山禅师本是北方讲经说法的大师，后来受人指点，到南方龙潭禅师处参学。经过长途跋涉，德山禅师终于来到了龙潭，一见龙潭禅师就迫不及待地问道："这是什么地方？"

龙潭禅师回答说："这就是龙潭！"

德山禅师诘问道："既名龙潭，我在此盘桓多时，怎么既不见龙，又不见潭，这是怎么回事？"

龙潭禅师没有解释，他直截了当地告诉德山禅师："可你确实已经到了龙潭。"

这天夜晚，德山禅师站在龙潭禅师身旁，久久不肯离去，龙潭禅师说："时间已经不早了，你怎么还不回去休息呢？"

德山禅师向门外走了几步，又转回身来，说道："外面实在太黑了，学生初到，不知方向。"龙潭禅师就点燃了一支蜡烛递给他，正当德山伸手来接的时候，龙潭禅师一口气又把蜡烛吹灭

一个常常看别人缺点的人，自己本身就不够好，
因为他没有时间检讨他自己。

了，德山到此忽然大悟，立刻跪下身来，向龙潭禅师顶礼，良久不起。龙潭禅师问道："现在一片漆黑，你见到了什么？"

德山禅师回答道："弟子心光已亮，从今以后，不再怀疑禅师的舌头了。"

德山禅师悟道后，一直侍奉龙潭禅师三十多年，八十四岁那年，在龙潭圆寂。

龙潭禅师把烛光吹熄，说明了不可依赖别人，一切都要靠自己。我们可以向别人学习，但不可养成依赖别人的习惯，自己的路还是要自己走。

人生有变数，世事有反常。任何时候，我们都不要忘记，不能依赖依靠别人，使用自己的双手和大脑劳动，这才是天底下最光荣的事情。

磨砖作镜

《西游记》第八回里有一首《苏武慢》，这样写道："试问禅关，参求无数，往往到头虚老。磨砖作镜，积雪为粮，迷了几多年少？毛吞大海，芥纳须弥，金色头陀微笑。悟时超十地三乘，凝滞了四生六道。谁听得绝想崖前，无阴树下，杜宇一声春晓？曹溪路险，鹫岭云深，此处故人音杳。千丈冰崖，五叶莲开，古殿帘垂香袅。那时节，识破源流，便见龙王三宝。"

这首词意境深远，颇有韵味。其中的"磨砖作镜"便源于怀让禅师和马祖禅师的一次对话。马祖是怀让禅师的弟子，当年他在般若寺修行的时候，整天盘腿静坐，冥思苦想，希望有一天能修成正果。

有一次，怀让禅师路过禅房，看见马祖坐在那里神情专注，便向弟子问道："你这样是在做什么？"

马祖马上起身答道："我在修行，我想成佛。"

怀让禅师听他这样说，就顺手从地下捡起一块砖，然后在一块儿平滑的石头上磨了起来，神情是那么的专注和坚毅，和马祖的神情是一样的，有一种不达目的不罢休的感觉。

马祖非常疑惑地问道："禅师，你在做什么呀？"

怀让禅师答道："我在磨砖呀，难道你看不出我在做什么吗？"

马祖又问："磨砖有什么用呢？"

怀让禅师说："我在磨砖，我想把它磨成镜子。"

马祖说："砖本身是没有光的，就算你磨得再平，它也不会成为镜子的，你就不要在这上面浪费时间了。"

怀让禅师就说："砖不能磨成镜子，静坐又怎么能够成佛呢？"

马祖惭愧地问道："弟子愚笨，请师父指点，怎样才能成佛呢？"

怀让答道："有一个人在赶车，可是那个车子就是不走，于是他拿起鞭子拼命地打车，马儿在那里低着头吃草，车子还是不动。你说是应该打车，还是应该打马儿呢？"

"磨砖作镜"，本意为白辛劳一场。因为砖头再磨，也变不成镜子。单纯从词面讲，意思就是浪费光阴，目标设置得本来就不对，所以最终梦想不会成真。坐禅只是成佛的一种手段，若想真正的成佛，只坐禅是没有用的，而是要从心里去感悟。